GOVERNANÇA CORPORATIVA EM SAÚDE

RECEITA DE QUALIDADE
PARA AS EMPRESAS DO SETOR

ORGANIZAÇÃO: JOSIER MARQUES VILAR

GOVERNANÇA CORPORATIVA EM SAÚDE

RECEITA DE QUALIDADE
PARA AS EMPRESAS DO SETOR

*M*auad X

Copyright @ by Josier Marques Vilar, 2007

Direitos desta edição reservados à
MAUAD Editora Ltda.
Rua Joaquim Silva, 98, 5º andar
Lapa — Rio de Janeiro — RJ — CEP: 20241-110
Tel.: (21) 3479.7422 — Fax: (21) 3479.7400
www.mauad.com.br

Projeto Gráfico:
Núcleo de Arte/Mauad Editora

CIP-BRASIL. CATALOGAÇÃO-NA-FONTE
SINDICATO NACIONAL DOS EDITORES DE LIVROS, RJ.

G742
    Governança corporativa em saúde: uma receita de qualidade para as empresas do setor / organizado por Josier Marques Vilar; ensaios de Antonio Carlos Vidigal... [et al.]. - Rio de Janeiro: Mauad X, 2007.

    ISBN 978-85-7478-215-7

    1. Governança corporativa. 2. Serviços de saúde - Administração. I. Vilar, Josier Marques.

07-1079.   CDD: 658.4
                                                              CDU: 65.012.3

AGRADECIMENTOS

Não é possível terminar uma empreitada como esta e não escrever sobre a gratidão que temos com todos aqueles que tornaram viável a sua execução, inspirando-nos, incentivando-nos, ajudando-nos e, logicamente, *trabalhando*.

Inicialmente, somos muito gratos a todos os atenciosos amigos que emprestaram seus brilhantismo e tempo à produção deste primordial livro sobre *GOVERNANÇA CORPORATIVA EM SAÚDE – Receita de Qualidade para as Empresas do Setor*.

Não podemos nos esquecer dos Colaboradores da PRONEP – afinal, estiveram sempre presentes em todos os passos que demos até chegar aqui – e daquelas empresas que acreditaram que seríamos capazes de organizar de uma maneira simples e bastante eficaz, como sempre buscamos em nossos 15 anos de vida, a realização deste projeto: muitíssimo obrigado Air Liquid, B. Braun, Fresenius Kabi e Nestlé, que apoiaram incondicionalmente esta iniciativa.

Sem todos vocês, este livro simplesmente não teria sido possível.

Diretoria do Grupo PRONEP

SUMÁRIO

PREFÁCIO _____ 9
Contribuição Decisiva para as Boas Práticas de Gestão
ADRIANO LONDRES

APRESENTAÇÃO _____ 13
Uma Visão de Futuro
JOSIER MARQUES VILAR

GOVERNANÇA CORPORATIVA _____ 19
Conceitos que Levam à Melhoria da Gestão
ANTONIO CARLOS VIDIGAL

ANÁLISE DE RESULTADOS _____ 33
Gerenciar a Saúde com Foco nos Indicadores
CARLOS INFANTE DE CASTRO

   Tema em Debate: Análise de Resultados _____ 46
   Carlos Salles, Celso Barros, José Henrique do Prado Fay

ESTRUTURA DE NEGÓCIOS _____ 57
A Arquitetura da Organização
FILINTO MÜLLER

   Tema em Debate: Análise da Estrutura de Negócios _____ 78
   Alfredo Cardoso, Gisele Couto, João Alceu Amoroso Lima, Jorge Moll, José Antônio Lima

ANÁLISE DA ESTRATÉGIA DE NEGÓCIOS _____ 91
Planejamento: O Caminho mais Curto para o Sucesso
CARLOS DE LAET

   Tema em Debate: Análise da Estratégia de Negócios _____ 120
   Antônio Carlos Vidigal, Édson Bueno, Gabriel Stoliar, Heloísa Leite

ACREDITAÇÃO —————————————————————— 135
O Reconhecimento da Qualidade na Saúde
JOSÉ CARVALHO DE NORONHA, MARIA MANUELA P. C. ALVES DOS SANTOS, HELENO COSTA JÚNIOR

> **Tema em Debate:** Acreditação Internacional ——————— 153
> André Gall, Ary Ribeiro, Bernadete Weber,
> Franco Cavaliere, Heleno Costa Júnior, Márcia Gomes Braz,
> Maria Manuela P. C. Alves dos Santos, Reinaldo Rondinelli

CASE PRONEP ——————————————————————— 169
Sucesso em Soluções para Saúde
CLÁUDIO BARBOSA, CLÉA RUFFIER, JEAN RUFFIER, JOSIER VILAR, ROBERTO REZENDE

GERENCIAMENTO DE CRISES ————————————— 185
Quando a Reputação da Empresa Vai para o CTI
MÔNICA MEDINA

PREFÁCIO

Contribuição Decisiva para as Boas Práticas de Gestão

> *"Uma liderança transformadora se faz com Paixão, Atitude e Trabalho em equipe."*
>
> Frank Maguire

ADRIANO LONDRES

Administrador de empresas, vice-presidente da Associação Nacional de Hospitais Privados (ANAHP) e ex-presidente do Sindicato dos Hospitais, Clínicas e Casas de Saúde do Município do Rio de Janeiro (SINDHRIO).

Ao ser convidado para escrever o prefácio deste livro, imediatamente recordei-me do primeiro contato que tive com a PRONEP, exatamente no ano em que foi criada, em 1992. Na ocasião fui convidado para conhecer suas instalações em uma modesta e pequena casa no bairro de Botafogo, no Rio de Janeiro. Chegando lá, fui levado por seus sócios às instalações especialmente construídas para a manipulação de preparações nutricionais enterais e parenterais. Eles me falavam das salas limpas, das boas práticas de manipulação, de fluxos laminares e do resultado deste trabalho na evolução clínica dos pacientes com tanta paixão e orgulho da sua equipe que aquele clima organizacional me impregnou de otimismo com o futuro da saúde no Rio de Janeiro.

Para minha surpresa, percebi que esta então jovem organização de serviços em saúde já iniciava suas atividades com uma filosofia baseada na inovação. Visionária por princípio, enxergou no preparo de alimentações enterais e parenterais, com rigorosos controles de segurança, uma necessidade dos hospitais e clínicas da cidade do Rio de Janeiro. Teve o cuidado de implantar rigorosos controles de segurança operacional, para que a decisão médica tivesse um sólido suporte institucional. E ousou na medida em que iniciou suas atividades exatamente por uma área crítica, onde a confiabilidade é fundamental.

Tendo a inovação como filosofia, o empreendedorismo como cultura e a ousadia como conduta, ampliou o leque de soluções em saúde para uma atividade que ainda engatinhava no Brasil: a internação domiciliar.

Desde então vem sempre buscando e oferecendo soluções para o complexo mundo da gestão na saúde. O que um dia surgiu como uma instituição focada em preparo de nutrições enterais e parenterais, hoje se consolida como uma empresa de soluções inovadoras na saúde. A visão, dedicação e paixão de seus sócios e sua equipe de trabalho geraram um clima organizacional em que todos cultivam doutrinariamente o compromisso inalienável com a qualidade dos serviços que presta.

Neste ano em que a PRONEP comemora seus 15 anos, ela inova mais uma vez, recebendo o título máximo de qualidade no segmento de internação domiciliar, tornando-se a primeira organização no mundo, excluindo os Estados Unidos, a receber, pela *Joint Commission for Acreditation*, um reconhecimento internacional do trabalho desenvolvido na assistência domiciliar em nosso país.

Agora, mais uma vez, essa inquieta e instigante organização de saúde nos brinda com mais uma iniciativa inovadora, ao nos oferecer este importante livro que aborda um tema fundamental para instituições – públicas e privadas – que buscam a viabilidade gerencial em um segmento importante e complexo como o da Saúde.

Este, que é o primeiro livro brasileiro a abordar *Governança Corporativa em Saúde*, sob aspectos não usuais, tem como meta nortear empresas brasileiras do segmento Saúde – na sua imensa maioria, de pequeno e médio portes e de capital fechado – a tomarem suas melhores decisões.

No ano em que comemora seus 15 anos de atividade, a PRONEP presenteia o segmento com esta bela contribuição.

Cabe destacar que a abordagem do assunto em questão transcende as usuais questões regulatórias ou fiscalizatórias, que têm sido adotadas para a proteção de acionistas em outras publicações do gênero, possibilitando ao leitor um mergulho profundo nas melhores práticas de gestão com foco em resultados.

O livro em questão contribui para que instituições de saúde implementem métodos estruturados, permitindo que seus Conselhos possam avaliar a estrutura de um negócio, a estratégia de um negócio e os resultados do negócio, com base fundamentada. Especialistas com visão acadêmica ou experiência prática contribuíram de forma decisiva na abordagem de cada um desses temas, permitindo sua melhor compreensão.

Especialistas em gestão da saúde também ajudaram a montar um importante capítulo sobre a acreditação em saúde. Em seguida, o leitor será brindado com um capítulo sobre gerenciamento de crises e, para finalizar, um passeio pelo *case* PRONEP, relatado de forma a descrever sua importante trajetória de 15 anos de inovação, culminando com a certificação de qualidade pela acreditação recebida este ano.

Recentemente tive o privilégio de participar de um evento que contou com uma brilhante palestra do Dr. Ozires Silva, exatamente sobre o tema que permeia toda a história da PRONEP: a inovação. Em sua exposição, Dr. Ozires define a inovação como "um momento, um instante, um lampejo, uma nova idéia que se dá por meio da vontade, do esforço e da persistência". Recomenda ainda que "ninguém deve se deter diante dos críticos pessimistas , cabendo prosseguir e perseguir

> "(...) a abordagem (...) possibilita ao leitor um mergulho profundo nas melhores práticas de gestão com foco em resultados."

o êxito". E por fim, dizia ele, os empresários brasileiros deveriam ter "o compromisso com a transformação do nosso Brasil, fazendo com que ele seja a grande região das oportunidades".

Acho que a PRONEP, com este livro, está dando um grande exemplo de contribuição para a melhoria do desempenho das organizações nacionais que tanto desejamos.

APRESENTAÇÃO

Uma Visão de Futuro

> *"O segredo do gestor de sucesso é a franqueza. Fale abertamente sobre todas as coisas, seja autêntico."*
>
> Jack Welch

JOSIER MARQUES VILAR

Médico, diretor da PRONEP e presidente do Sindicato dos Hospitais, Clínicas e Casas de Saúde do Município do Rio de Janeiro (SINDHRIO).

O modelo empresarial brasileiro – marcado pelo grande número de empresas de controle estritamente familiar – vive um momento de transição. Caminha para uma nova e instigante estrutura organizacional, com a participação efetiva dos investidores individuais ou institucionais e com o foco na eficiência econômica e na eficácia da gestão por resultados.

Muitos fatores têm pressionado essa mudança, entre elas as privatizações, o impacto da globalização, o movimento internacional de fusões e aquisições e a necessidade de captação de financiamentos externos para suportar o crescimento.

Na década passada e no início desta, depois de uma série de escândalos no mundo empresarial americano, a expressão "Governança Corporativa" voltou à carga em todo o mundo. Em 2002, o Congresso dos Estados Unidos aprovou a Lei Sarbanes-Oxley (Sarbox), que fortaleceu as normas de

Governança Corporativa, estabelecendo o que se poderia chamar de "regras de bom comportamento" para as empresas de capital aberto.

É óbvio que a implantação dessas regras, ditadas pela Lei e normatizadas pela *Securities and Exchange Commission* (SEC) para empresas de capital aberto, envolveu imensas despesas, já que as organizações necessitam contratar auditorias independentes e implementar processos operacionais, com a criação de métricas e controles dos indicadores. Além de gastos, o melhor controle dá muito mais trabalho e, portanto, a resistência à sua implantação tem sido muito grande.

Em resposta à crescente demanda por melhores padrões de governança das empresas no Brasil, no ano de 2000, a Bolsa de Valores de São Paulo (BOVESPA) instituiu o chamado Novo Mercado, bem como os Níveis Diferenciados de Governança Corporativa.

O Novo Mercado caracteriza-se por ser um segmento destinado à negociação de ações emitidas por empresas que se comprometem, de modo voluntário, com a adoção de boas práticas de Governança Corporativa adicionais às previstas na legislação.

A BOVESPA define, portanto, um conjunto de normas de conduta para as empresas, seus administradores e controladores. Aderir a tais práticas de Governança Corporativa distingue as companhias como Nível 1 ou Nível 2, dependendo do grau de comprometimento assumido pela empresa.

O Instituto Brasileiro de Governança Corporativa – IBGC – lançou, em 1999, o Código Brasileiro das Melhores Práticas de Governança Corporativa, cujo objetivo central é "indicar caminhos para todos os tipos de sociedade comercial, visando a aumentar seu valor, melhorar seu desempenho, facilitar o acesso ao capital a custos mais baixos e contribuir para sua sustentabilidade de longo prazo".

O código do IBGC está baseado em quatro princípios:

1 - Transparência no fluxo e divulgação das informações.

2 - Eqüidade no acesso e trato com todos aqueles com que a empresa se relaciona societariamente.

3 - Prestação de contas regularmente por parte dos agentes responsáveis pela gestão da empresa.

4 - Responsabilidade socioambiental da corporação.

No Brasil, a maioria das empresas é de capital fechado, com um grande percentual de empresas familiares de pequeno e médio portes, sem conselhos de administração presentes em seu organograma e cujos empreendedores originais, em sua maioria, passaram de um mundo da hiperinflação para o da inflação controlada e estabilizada, sem o adequado e necessário preparo para esse novo ambiente corporativo.

No ambiente da saúde, a preocupação principal de muitos gestores permanece sendo exclusivamente com o resultado técnico de sua tomada de decisão. O viés técnico é, ou continua sendo ainda, o mais importante referencial para a tomada de decisão.

Só que os recursos são finitos e, se não se conseguir implantar as boas práticas de Governança Corporativa nas organizações de saúde, sejam elas de que tamanho for, não haverá a transparência necessária para a captação dos recursos que vão propiciar o crescimento e a sobrevivência dessas empresas.

Na busca do crescimento, muitos desses empreendedores que, no caso da saúde, montaram no passado pequenas clínicas ou hospitais a partir de uma visão puramente tecnicista encontram-se agora diante de um grande dilema, neste momento em que a economia do país dá sinais de crescimento e a incorporação de novas e caras tecnologias de investigação diagnóstica e terapêutica requerem uma tomada de decisão estratégica de investimentos corretamente feita.

Esses empresários são, na sua grande maioria, profissionais de saúde que assumiram funções gerenciais em suas organizações, permanentemente atormentados sobre qual a melhor decisão tomar.

Como investir recursos financeiros e humanos obtendo a melhor taxa de retorno do investimento feito?

Como medir o que fazer e tomar a melhor decisão sobre o futuro?

Como delegar a terceiros a tomada de decisão de seus empreendimentos, profissionalizando a gestão?

Antes de implantar um Conselho de Administração ou um Conselho de Família para iniciar as boas práticas de Governança Corporativa, é preciso alinhar o pensamento estratégico de todos os sócios em relação à missão e valores cultivados pelas organizações. Somente com esse alinhamento se pode decidir pela implantação de um modelo profissional de gestão, assegurando assim uma perfeita integração entre os novos administradores e os proprietários, entre o patrimônio e a gestão.

Para isso, os acionistas ou cotistas, estando ou não à frente da gestão de suas propriedades, precisam de uma visão de futuro, primordial na execução da gestão moderna.

Eles precisam separar claramente os interesses comuns a toda a sociedade daqueles interesses individuais freqüentemente presentes.

É claro que as boas práticas de Governança Corporativa não recomendam que se abandone a essência da sociedade familiar, e sim que as famílias busquem nessas boas práticas a saída para seus freqüentes conflitos e o caminho de sucesso para suas empresas.

Toda empresa necessita de sócios preparados. Sócios bem preparados são os melhores conselheiros para o seu próprio patrimônio.

> "(...) os acionistas ou cotistas (...) precisam de uma visão de futuro, primordial na execução da gestão moderna."

É na busca de respostas para os dilemas que os gestores da saúde enfrentam no seu cotidiano de desafios que este livro vai colaborar.

Trata-se de uma obra coletiva, que reúne artigos e depoimentos de experientes dirigentes de empresas e autoridades que vão trazer, no mínimo, novas visões sobre as melhores estratégias a serem adotadas na condução dos negócios, na análise da estrutura do empreendimento, ou sobre como medir de maneira mais adequada os resultados. São eles:

Antonio Carlos Vidigal, Carlos de Laet, Carlos Infante de Castro, Filinto Müller, Heleno Costa Júnior, José Carvalho de Noronha, Maria Manuela P. C. Alves dos Santos e Mônica Medina, que colaboram na elucidação de importantes temas, tais como estrutura de negócios, análise de estratégias, análise de resultados, acreditação e gerenciamento de crises.

Para dar maior dinamismo à abordagem, bem como para torná-la ainda mais plural, contamos com o auxílio dos jornalistas Sônia Araripe e Luciano Frucht para ouvir especialistas do setor, que lidam no dia-a-dia com essas questões, e também alguns *experts* em Governança Corporativa que não militam diretamente na Saúde, mas que enriquecem o tema, pelo seu notório conhecimento: Alfredo Cardoso, André Gall, Ary Ribeiro, Bernadete Weber, Carlos Salles, Celso Barros, Édson Bueno, Franco Cavaliere, Gabriel Stoliar, Gisele Couto, Heleno Costa Júnior, Heloísa Leite, João Alceu Amoroso Lima, Jorge Moll, José Antônio Lima, José Henrique do Prado Fay, Márcia Gomes Braz e Reinaldo Rondinelli.

A todos esses gestores de sucesso, nossos sinceros agradecimentos pela generosidade de compartilhar seus conhecimentos e por acreditarem desde o início neste nosso projeto.

Que as boas práticas de Governança Corporativa em Saúde sejam, pelos depoimentos de gestores de sucesso aqui registrados, um referencial de qualidade para todos os que lerem este livro.

GOVERNANÇA CORPORATIVA

Conceitos que Levam à Melhoria da Gestão

> "Lidera que tem as melhores práticas de negócios."
>
> Tom Peters

ANTONIO CARLOS VIDIGAL

CONSULTOR E ADMINISTRADOR DE EMPRESAS, FOI PRESIDENTE DO CONSELHO DA CONFAB INDUSTRIAL S.A., PRESIDENTE DO CONSELHO E CEO DA RIO DE JANEIRO REFRESCOS S.A. (COCA-COLA). FOI PROFESSOR DE "GOVERNANÇA CORPORATIVA" NO MESTRADO DO IBMEC-RJ.

Governança Corporativa é o que se pode chamar de uma tradução malfeita da expressão inglesa *corporate governance*. A origem é o verbo latino *gubernare*, que quer dizer "governar", ou "dirigir", "guiar". O significado, meio vago, é o sistema pelo qual os acionistas de uma empresa (*corporation*, em inglês) "governam", ou seja, tomam conta de sua empresa. É um sistema que, usando principalmente o "Conselho de Administração" (*Board of Directors*, em inglês), também a Auditoria Externa e, às vezes, também o Conselho Fiscal – que ao contrário do de Administração não é obrigatório nas S.A. de capital aberto –, estabelece regras e poderes para Conselho, seus comitês, e diretoria, evitando os abusos de poder tão comuns no passado. Cria também instrumentos de fiscalização da diretoria. É importante frisar que, embora a expressão seja nova – e tenha se transformado num modismo, com muita gente falando bobagem a respeito –, a atividade já existia, sem que a gente percebesse quão importante era, e sem que fosse usado esse nome.

Podemos dizer que a Governança Corporativa segue o esquema abaixo:

"Governança Corporativa (...) é o sistema pelo qual os acionistas (...) tomam conta de sua empresa."

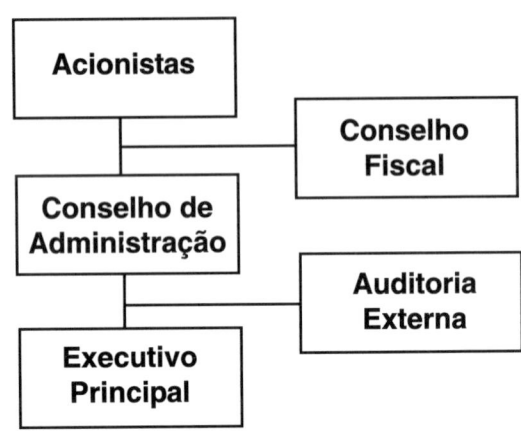

Alguns autores dizem que a Governança Corporativa surgiu em 1992 (data do primeiro código sobre o assunto, na Inglaterra) ou em 1995 (data da fundação do Instituto Brasileiro de Governança Corporativa). Mas isso é terrivelmente inexato. Quando surgiu a primeira *corporation*, na Inglaterra, por volta de 1650, com acionistas que elegeram um Conselho, o qual nomeou um CEO, estava criada a Governança Corporativa. O que começou nos Estados Unidos em 1984, com Robert Monks, foi o movimento de modernização da governança.

O assunto ganhou força nos últimos 15 a vinte anos, nos Estados Unidos e Inglaterra, e o resto do mundo percebeu a importância e saiu correndo atrás. Esse movimento moderno surgiu como decorrência de alguns escândalos, como o caso Guinness, na Inglaterra (há um ótimo livro sobre esse caso, *Requiem for a Family Business*, escrito por um membro da família Guinness), e de algumas companhias importantíssimas que quase quebraram, como a IBM e a General Motors, sem que o Conselho tivesse feito coisa alguma. De repente o mundo (ou melhor, os grandes investidores institucionais) percebeu que algo estava errado. O Conselho não estava cumprindo sua obrigação. Daí começaram uma série de pesquisas sobre como a governança estava funcionando e a pressão para as grandes empresas mudarem seus comportamentos passivos ou até nocivos.

Principalmente nos Estados Unidos, a pressão sobre os Conselhos, por parte do mercado investidor, começou a crescer, com as seguintes conseqüências:

- com o risco de conselheiros serem responsabilizados pelos atos da direção da empresa, muitos potenciais conselheiros passaram a não aceitar convites para entrar para Conselhos;
- as empresas passaram a ser mais ativas no sentido de aposentar conselheiros pouco eficazes;
- isso trouxe uma escassez de conselheiros no mercado;
- os conselheiros estão tendo que trabalhar muito mais. Estima-se que, nos Estados Unidos, a carga de trabalho média de um conselheiro esteja em 300 horas/ano considerando-se o tempo gasto lendo material prévio e a participação em comitês. Isso equivale a 30 dias de dez horas cada, ou o equivalente a 2,5 dias/mês. E isso num país onde as reuniões não são mensais.

No Brasil, o atual Instituto Brasileiro de Governança Corporativa surgiu em 1995, com outro nome: Instituto Brasileiro de Conselheiros de Administração. Só alguns anos depois o nome foi mudado para o atual. Isso mostra claramente como a expressão Governança Corporativa é nova. E é ainda mal interpretada. A imprensa freqüentemente a confunde com o assunto proteção aos minoritários, que é muito importante, mas é outro assunto. Uma situação que atrapalha a boa compreensão da Governança Corporativa no Brasil é o fato de esta ter chegado aqui vinda dos Estados Unidos.

Existe uma diferença tão gritante entre a teoria americana e a nossa realidade que torna parte dessa teoria inútil para nós. É muito simples: os americanos – que na verdade imitaram os ingleses, estes sim os inventores do capitalismo moderno – se baseiam no seu sistema de companhias de capital aberto, que eles chamam de *public companies*, com o capital pulverizado em bolsa e sem acionistas preponderantes.

Nossa realidade brasileira é a de companhias que vão buscar recursos em bolsa através do lançamento de ações sem direito a voto, mantendo o controlador a maioria das ações com voto. Só conheço no Brasil uma ou duas empresas que tenham capital pulverizado, sem a figura do controlador. Na melhor hipótese temos a figura do controle compartilhado, comum nas companhias privatizadas, onde três ou quatro acionistas controlam a empresa através de um Acordo de Acionistas. A própria terminologia, aliás, chama a atenção para a diferença. O nosso "capital aberto" significa que a empresa lançou um punhado de ações no mercado.

Já a *public company* americana chama-se assim porque não tem dono – pertence realmente ao público em geral. Para nós, "empresa pública" é coisa bem diferente: é pública porque teoricamente pertence a todos nós pelo fato de ser controlada pelo Estado brasileiro.

O problema central da Governança Corporativa nos Estados Unidos é como a massa de milhares de pequenos acionistas pode ter seus interesses defendidos tendo como principal instrumento um Conselho de Administração que defenda realmente o que é melhor para a empresa, em vez de, como acontecia no passado, defender cegamente o presidente da empresa. Não podemos esquecer que o movimento da Governança tomou força como conseqüência da má gestão a que estiveram submetidas grandes empresas, por exemplo, a IBM e a General Motors, sem que o Conselho tomasse providência alguma. De repente, o mercado, liderado pelos grandes fundos de pensão que, lá como aqui, são os maiores investidores, acordou e passou a exigir mudanças.

No Brasil, a situação é outra: havendo a figura do controlador, não existe a questão de como este se protege dos administradores profissionais. O administrador é também o controlador, ou alguém indicado por ele. Existe a questão de defender os minoritários contra eventuais abusos do controlador, o que é uma preocupação importante, mas não é a questão básica da Governança. Então, perguntará talvez o leitor, qual é essa questão básica? A meu ver, a resposta é: a questão básica da Governança Corporativa no Brasil é a preocupação com a melhoria da gestão. É como formar um bom Conselho e como utilizá-lo, juntamente com a Auditoria Externa, e em cooperação com o principal executivo, no sentido de obter uma gestão o mais eficiente possível.

"(...) a questão básica da Governança Corporativa no Brasil é a preocupação com a melhoria da gestão."

Evolução da Governança Corporativa no Brasil

Quando se fala em Governança Corporativa, a gente pensa em S. A., e das grandes, de capital aberto. Afinal de contas, Governança Corporativa tem muito a ver com o funcionamento do Conselho, e Conselho de Administração foi uma figura introduzida pela lei das S. A., de 1976. E é obrigatório apenas para as companhias de capital aberto. Acontece que a quase totalidade de nossas empresas abertas tem um controlador definido, e este costuma pôr no conselho pessoas de sua família, ou de sua confiança pessoal. Raramente coloca pessoas estranhas. Por mais que os teóricos argumentassem a favor da presença de pessoas independentes, nada feito.

Mesmo empresas de grande porte, e sabidamente bem administradas, como, por exemplo, o Banco Itaú ou o Grupo Gerdau, só recentemente abriram suas portas para conselheiros independentes. O Banco Itaú começou em 2001 com dois independentes, pessoas de altíssimo nível, e aparentemente gostou, porque em 2002 acrescentou um terceiro.

O Unibanco, outro que continua bem nas mãos da nova geração, também demorou a abrir as portas, fazendo-o recentemente ao convidar para o Conselho o ex-ministro Pedro Malan e o ex-diretor do Banco Central Pedro Bodin. Pouco depois, chegou o momento de aposentadoria dos dois executivos profissionais que compartilhavam a Presidência executiva. Estando a Presidência vaga, Pedro Moreira Salles, que representa a família controladora no banco e estava na Presidência do Conselho, resolveu assumir a Presidência executiva, cargo que nunca tinha ocupado. Como executou isso? Num gesto de raro desprendimento, não me lembro de outro equivalente, abriu mão da Presidência do Conselho e a entregou a Pedro Malan. Está aí um belo exemplo de Governança Corporativa.

A experiência tem mostrado que o simples fato de entrar alguém de fora leva a família a "caprichar" mais nas reuniões do Conselho. Onde antes se misturavam, às vezes, assuntos familiares com os da empresa, isso não acontece mais. O fato de ter essa pessoa de fora leva a uma melhor organização da reunião, a um melhor nível dos relatórios e a uma maior formalização das reuniões.

Nos últimos anos participei da criação de um Conselho Consultivo (que pode ser o ideal se a empresa não é de capital aberto e não tem a obrigação legal de ter um Conselho de Administração) em duas empresas familiares de porte médio e que eram Limitadas e não S. A.s, não existindo, portanto, legalmente, a figura do Conselho de Administração. Qual era a razão para a criação desses Conselhos? Ajudar o fundador, ainda presente no comando, a formalizar a estrutura de gestão da empresa e a pensar em estratégia. Além disso, num dos casos, ajudar a planejar a trajetória dos filhos do fundador para melhor prepará-los para assumirem a liderança no futuro.

Não sei de nenhum caso em que uma empresa familiar tenha se arrependido de incluir pessoas de fora em seu Conselho. Às vezes acontece uma escolha malfeita e a solução mais fácil para isso é deixar passar um ano e não reeleger a pessoa, evitando o atrito de excluí-la no meio do mandato. Como precaução para esse tipo de situação, é conveniente sempre fazer o convite inicial e renová-lo, quando for o caso, para mandato de um ano.

Se a idéia é boa, por que não imitá-la? Nada impede que as S. A.s fechadas, ou mesmo as Limitadas, imitem as empresas abertas. Estamos começando a ver empresas criarem Conselhos sem que isso seja obrigatório. Mesmo empresas de porte médio – e Limitadas, de controle familiar – estão criando Conselhos e convidando pessoas de fora para fazer parte deles. Qual será a vantagem disso?

Os Códigos de Governança

No começo da década de 1990, o escândalo da empresa Guinness, um caso de manipulação da Bolsa de Valores de Londres, causou a nomeação de um comitê para analisar o caso. O resultado do trabalho foi um relatório chamado "Código de Boas Práticas de Governança Corporativa", conhecido também como Relatório Cadbury, nome do coordenador do comitê. Esse código foi publicado em 1992. A França publicou o seu código poucos anos depois. Nos Estados Unidos, não existe um código oficial, vários foram escritos, e depois dos escândalos contábeis de 2001/2002 novos códigos foram publicados, notadamente o da Bolsa de Nova Iorque.

No Brasil, o Instituto Brasileiro de Governança Corporativa (IBGC) lançou seu código em 1999. Uma segunda edição revista e ampliada foi lançada em 2001 e a terceira, em 2003. Durante esse período vários outros códigos foram escritos, inclusive uma "cartilha" lançada pela Comissão de Valores Mobiliários (CVM) em 2002, mas o código do IBGC permanece a principal referência no assunto. O código se baseia em quatro princípios básicos:

- Transparência: "mais do que a obrigação de informar, a administração deve cultivar o desejo de informar".
- Eqüidade: caracteriza-se pelo tratamento justo e igualitário a todos os envolvidos na atividade da empresa.
- Prestação de contas: os administradores devem prestar contas de sua atuação a quem os elegeu.
- Responsabilidade corporativa: considerações de ordem social e ambiental devem ser levadas em conta.

Governança Corporativa e a Empresa Familiar

A vantagem ou as vantagens são:

- Traz experiências novas. Os conselheiros escolhidos serão naturalmente pessoas experientes, e se forem escolhidas pessoas com perfis diferentes, o resultado é uma grande cultura empresarial em volta da mesa de reuniões. Costumo falar da grande ajuda que dá ter no Conselho, por exemplo, um banqueiro ou um advogado. O aconselhamento desinteressado de um membro do Conselho é muito diferente das opiniões dadas por alguém com quem se tem uma relação de cliente/prestador de serviços.
- Mediação em caso de divergências. É normal na vida de uma empresa familiar surgirem divergências ou conflitos. Essas pessoas de fora, que gradualmente adquirem a confiança de todos, freqüentemente dão uma ajuda muito grande agindo como mediadoras.
- Uma nova rede de contatos. Se as pessoas convidadas são experientes e bem-sucedidas, terão um bom *network* de contatos, e é normal que os emprestem à empresa.

- Alavancar mudanças. Nos dias de hoje, com a economia globalizada, as empresas ou se modernizam ou morrem. Por "morrer" entenda-se falir ou ser levada à venda para evitar a quebra. Os conselheiros de fora podem ter um importante papel de alavancadores de mudanças, ajudando a modernizar a cultura e a estrutura da empresa.

Tenho assistido a esse processo de criação de Conselhos com alguma freqüência. A existência dessa reunião mensal (embora nós, estudiosos do assunto, digamos que não precisa ter reunião todo mês, essa típica empresa que tem o seu dono à frente gosta da reunião todo mês) leva à criação de relatórios que freqüentemente não existiam. É surpreendente constatar que empresas de porte razoável, faturando R$ 100 milhões por ano ou mais, não têm relatórios. O dono administra por intuição. Com o funcionamento do Conselho, o corpo gerencial passa a ser cobrado de maneira metódica, com base em dados de análise de desempenho que antes não existiam.

Tipicamente esse corpo gerencial, no começo, tem medo. Não sabe bem o que é esse corpo estranho que, de repente, começa a exigir informações que antes ninguém pedia, e a fazer perguntas e cobranças. Mas se o Conselho é bom, se os seus membros foram bem escolhidos, esses gerentes ou diretores logo percebem que as informações pedidas são relevantes, as perguntas também, e que os novos relatórios são um instrumento útil também para eles. Gradualmente aqueles "intrusos" que davam medo passam a ser vistos como amigos. Os executivos da empresa aprendem que podem pedir conselhos, telefonar para trocar idéias, sendo sempre bem recebidos, e essa interação ajuda a transformar a cabeça das pessoas. Aquela Sociedade Limitada acanhada, culturalmente fechada, administrada na base do instinto do dono (aquilo que os americanos chamam de *gut feeling*), aos poucos, adquire métodos modernos de gestão.

E os membros da família, aos poucos, perdem o medo daquele "estranho no ninho". Afinal de contas, empresas não têm tantos segredos assim. O grande segredo, a eventual existência de um "caixa dois", é uma suposição geral. Infelizmente, no Brasil, essa prática tornou-se generalizada e já a vi ser discutida abertamente em Conselhos de várias empresas. Fora isso, a empresa pode ter alguns assuntos que ela não gostaria que caíssem nas mãos de um concorrente, sejam assuntos técnicos ou comerciais. Mas as pessoas que foram convidadas para o Conselho: a) não são ligadas ao concorrente, caso contrário não teriam sido escolhidas; b) são por definição pessoas sérias e confiáveis que não vão sair espalhando segredos. Em resumo, à medida que perde o medo e percebe como a presença daquelas pessoas de fora é útil, a família tende a gostar e a querer mais.

No caso da empresa familiar, o esquema da Governança Corporativa, que tínhamos visto acima, é modificado, ganhando um Conselho de Família, cuja missão é defender os interesses da família, enquanto o Conselho da empresa pensa no que é bom para ela.

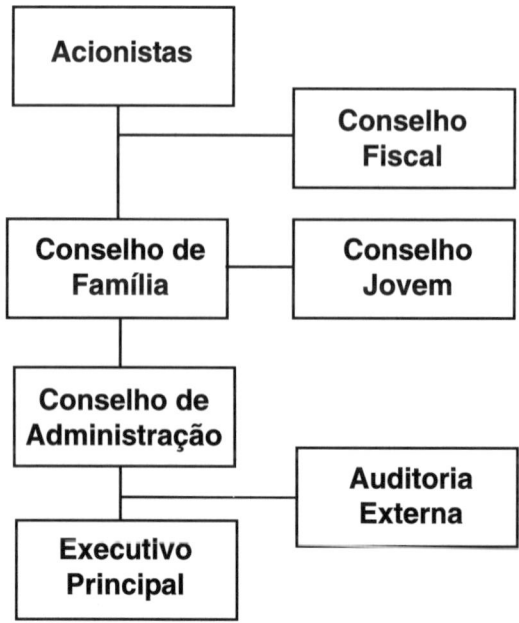

Sobrevivência da Empresa Familiar

Há poucos anos coordenei uma pesquisa procurando e analisando empresas familiares de mais de cem anos de idade no eixo São Paulo-Rio, que estivessem ainda sob o controle da família fundadora. Achamos 14 que se enquadravam em nossos critérios. Destas 14 empresas, quatro foram fundadas por imigrantes portugueses, três por imigrantes italianos, três por brasileiros descendentes de portugueses, uma por imigrante espanhol, uma por alemão, uma por judeu da Europa Central e uma por francês.

Em seguida às entrevistas, passamos a uma análise minuciosa de cada família, com ênfase na árvore genealógica e na transmissão do controle da empresa dentro desta. Descobrimos logo no início uma tendência interessante nas famílias brasileiras de origem italiana: a de deixar as filhas de fora da empresa no momento da herança. Isso foi posteriormente confirmado em entrevistas com antigas empresas familiares na Itália. Os empresários italianos realmente acham que a atividade empresarial é coisa para homens, e tentam compensar suas filhas com outros bens, quando possível, deixando a empresa para os filhos homens (antigamente para o mais velho, hoje em dia para todos). Aos poucos fomos percebendo outros padrões de comportamento: de modo geral, no século XIX e no começo do século XX, havia uma tendência de privilegiar na herança os filhos homens, e principalmente os que trabalhavam na empresa. Nas últimas duas gerações houve uma mudança, e hoje a maioria das famílias tende a deixar a empresa igualmente para todos.

Na análise final dividimos as empresas entre bem-sucedidas e malsucedidas, isto do ponto de vista do estado das relações familiares, e da relação da família com a empresa. Assim, consideramos malsucedida uma família cuja empresa teve grande crescimento, é uma das grandes do país hoje, mas em que existem conflitos relacionados à empresa. E consideramos bem-sucedida outra família cuja empresa não cresceu, após cem anos continua uma pequena empresa quase do mesmo tamanho que tinha no começo do século, mas em que a família vive em harmonia consigo mesma e com a empresa.

Uma vez classificadas as empresas, atribuímos a cada uma notas positivas ou negativas para vários fatores. Alguns desses eram fatores-padrão da teoria da empresa familiar, tais como a existência de um Acordo de Família, ou de um planejamento de sucessão. Outros eram fatores não necessariamente associados às empresas familiares, como ter havido diversificação dos negócios. Por último, um fator que, até onde consegui pesquisar, não havia sido analisado anteriormente: aquilo que chamei de reconcentração. Por reconcentração entenda-se qualquer movimento no sentido de reduzir o número de sócios da empresa. Isso pode ser feito seja através de testamento, seguindo o hábito italiano de excluir parte da família da propriedade da empresa, seja através de compra de participação de alguns sócios por parte de outros, seja ainda por divisão do negócio em duas ou mais partes, ficando alguns dos sócios com cada parte.

> "(...) quanto mais a família restringe o crescimento do número de donos, maiores as chances de sobrevivência da empresa (...)"

A expectativa de todos os envolvidos no estudo era encontrar como principal fator de sucesso a prática do planejamento de sucessão, pois essa é a teoria vigente. Para nossa surpresa, o fator com maior correlação com as famílias bem-sucedidas, ou seja, o principal fator que ajuda a sobrevivência da empresa familiar a longo prazo, foi a reconcentração. Ou seja, quanto mais a família restringe o crescimento do número de donos, maiores as chances de sobrevivência da empresa, a longo prazo, nas mãos de alguns membros da família.

Isso, como já foi dito, pode ser feito de diversas maneiras. As mais penosas, e provavelmente nos dias de hoje as mais freqüentes, são as que acontecem como conseqüências de conflitos entre irmãos ou primos: a divisão do negócio em vários pedaços, ou a compra da participação de uns pelos outros após longa briga. Existe, porém, uma maneira mais prática e não-penosa para obter o mesmo resultado. Essa maneira é aquela que identificamos acima com as famílias italianas: a escolha do pai, através de testamento, daqueles entre seus filhos que vão ficar com a empresa.

Empresa Familiar e Herança

A reação inicial de quem ouve isto é dizer: "Injustiça!"

"Não!", discordo eu. Existem dois conceitos sobre o que é justo neste contexto. O conceito grego diz que todos os filhos devem ser tratados com igualdade, o que significaria neste caso deixar a empresa para todos igualmente. O conceito latino define justiça como dar a cada um aquilo que ele merece ou de que ele precisa, não necessariamente aquinhoando todos igualmente. Um pai que quer preservar sua empresa, e quer que seus filhos vivam em harmonia, deve considerar seriamente deixar a sua empresa para aqueles filhos que a conhecem e dela gostam. Outros filhos podem ser compensados de muitas maneiras:

- Através de seguro de vida em favor deles.
- Deixando para eles outros bens não relacionados com a empresa.
- Fazendo uma cisão que retire da empresa os imóveis que ela utiliza, deixando-os para os que não herdam a empresa em si. Estes, portanto, serão proprietários de imóveis alugados para a empresa.
- Criando ações sem direito a voto. (Neste caso, é importante estipular maneiras de garantir liquidez a esses minoritários sem voto, seja através de abertura de capital, seja através de Acordo de Acionistas com cláusula de compra e venda.)

Um caso que acompanhei há alguns anos ilustra essa tese. Um empresário tinha dois filhos, um que trabalhava com ele e era muito competente e outro que preferiu ser médico e não tomava conhecimento dos assuntos da empresa. O pai seguiu a tradição brasileira e morreu sem testamento, deixando, portanto, todos os seus bens, tanto a empresa quanto alguns imóveis, divididos meio a meio entre os dois filhos. O filho médico gostaria de vender a sua parte na empresa, mas o irmão não tem interesse em comprar, a não ser por um valor irrisório. O irmão empresário gostaria de vender imóveis para colocar o dinheiro na empresa, mas o médico gosta de ter uma receita de aluguéis. Resultado: os dois estão brigando há alguns anos. Não teria sido melhor deixar a empresa para o filho que gosta dela e os imóveis para o outro?

> "A experiência das sobreviventes com mais de cem anos (...) mostra que a reconcentração viabiliza o futuro da empresa."

A experiência das sobreviventes com mais de cem anos, através de três ou mais gerações, mostra que a reconcentração viabiliza o futuro da empresa. E ela pode acontecer de maneira descontrolada, como resultado de conflitos, ou de forma planejada e pacífica. E essa forma "planejada e pacífica" só é viável se vier do fundador ou pai que toma a coragem de enfrentar seus filhos com essa difícil decisão e os convence a respeitar sua vontade.

ANÁLISE DE RESULTADOS

Gerenciar a Saúde com Foco nos Indicadores

> *"O modo velho de medir valor está ficando incompleto em relação ao que precisamos saber."*
>
> Al Gore

CARLOS INFANTE DE CASTRO

Engenheiro, presidente da Sul América Capitalização - SULACAP, membro do Conselho de Administração da Sul América Participações - SULASAPAR (holding na área de seguros) e da BRASILCAP Capitalização.

"Resultado" é um termo que pode ter os mais diversos significados, dependendo do que se esteja medindo, quando, em relação a quê e em que condições esteja sendo apurado. Além disto, resultados idênticos podem ter interpretações diversas, se se considerarem outros fatores condicionantes. Assim, por exemplo, o resultado alcançado em um determinado procedimento cirúrgico pode ser considerado bom ou ruim, dependendo da idade do paciente, das condições de saúde que tinha quando a ele se submeteu, da expectativa que se poderia razoavelmente ter antes de sua realização ou das condições materiais disponíveis quando a intervenção foi realizada.

Sob o enfoque da Governança Corporativa e privilegiando a clareza que deve permear seus processos, "resultado" pode ser simplesmente definido como a apuração periódica do que efetivamente se conseguiu realizar, em relação ao que se pretendia ou ao que se poderia ter realizado.

A suposição básica por trás dos conceitos de Governança Corporativa é a de que um empreendimento deve gerar resultados que permitam seu crescimento sustentável (o que implica distribuir equilibradamente tais resultados entre investimentos na própria operação e pagamentos de remuneração adequada aos que nele investiram), que justifiquem sua existência na comunidade onde opera (na forma de oferta de empregos, geração de produtos e serviços, pagamento de impostos e realização de ações sociais), e que assegurem o compromisso com a própria perenidade. O resultado alcançado será adequado se essas premissas estiverem sendo satisfeitas.

Como tudo na vida, a lida empresarial nada mais é que uma sucessão de pontos de escolhas de caminhos. São momentos em que do gestor é solicitada uma tomada de posição sobre a direção a tomar.

> "(...) a informação, ainda que existente, é irrelevante, se não se tem idéia do ponto em que se quer chegar."

Em um trecho de *Alice no País das Maravilhas*, a heroína encontra o Gato acocorado sobre um galho de árvore em uma bifurcação da estrada. Nesta passagem da obra de Lewis Carroll – que, aliás, é apenas mais um exemplo a sustentar a idéia de que seus textos eram realmente para adultos e não necessariamente para crianças –, o Gato diz a Alice que, se ela não sabe para onde quer ir, então não faz diferença a escolha do caminho. No dia-a-dia dos negócios, e contrariamente à imagem criada por Carroll, não há necessariamente um gato a quem se pedir orientação. Mas nele também, da mesma forma como na passagem citada, a informação, ainda que existente, é irrelevante, se não se tem idéia do ponto em que se quer chegar.

Assim, uma observação essencial com relação a resultados é que eles só serão bons ou ruins se se tiver alguma expectativa sobre os mesmos. No mundo dos negócios e das empresas, estamos falando de alvos que podem surgir, por exemplo, sob a forma de metas, *benchmarks*, objetivos estratégicos, ou outras expressões deste tipo. Essas metas serão de natureza quantitativa e qualitativa. O processo de mensuração de sua consecução, então, deve incluir mecanismos que permitam avaliar, tão adequadamente quanto possível, os dois tipos de metas.

Na prática empresarial, a maioria desses momentos de decisão surge não sob a forma de "bifurcações", e sim, ao contrário, como verdadeiros "entroncamentos", com múltiplas e, muitas vezes, discrepantes alternativas. Em muitos casos, a decisão se apresenta como um terreno virgem, cabendo ao gestor não só a responsabilidade da decisão sobre o rumo a tomar, como também a tarefa de construir a estrada. E isto deve ser feito com informações que, na maioria dos casos, são incompletas e imprecisas, além de envolver a incerteza natural quanto à real ocorrência de eventos futuros.

> "Na prática empresarial, a maioria desses momentos de decisão surge não sob a forma de "bifurcações", e sim, ao contrário, como verdadeiros "entroncamentos" (...)"

Isso enfatiza a necessidade de se ter planejamento. Empresas, empresários e gestores, independentemente de seu porte, sempre estarão melhor equipados para o sucesso de seus empreendimentos se munidos de um planejamento prévio de suas ações. Embora evidentes as razões para tanto, nunca é demais frisar que um planejamento cuidadoso é uma inestimável ajuda no momento em que as decisões são necessárias, quer porque a situação já foi antecipada, quando do planejamento, ao se pensar sobre a evolução futura dos negócios, quer porque ele fornece ao gestor a orientação geral necessária sobre o que se quer atingir e quando. Esta orientação dá a ele, quando menos, maior firmeza sobre que rumos descartar. É na fase de planejamento que se preparam os "Planos B" (e, em certos casos, os "Planos C", "Planos D"), materializados em um conjunto de ações definidas no âmbito de um exercício de *what if*, realizado quando se planeja, e a serem tomadas se a situação antes avaliada apenas como uma possível alternativa futura vier a se tornar real.

Um planejamento bem-feito, é claro, não elimina a necessidade de reflexões sobre a melhor decisão, mas permite uma redução de riscos que pode, em alguns casos, fazer a diferença entre a sobrevivência ou não do negócio. Esta preparação deveria fazer parte do diário de qualquer empreendedor ou gestor, por criar um ambiente em que decisões, de outra feita dependentes exclusivamente da intuição dele (algo que, deixemos claro, é também inestimável no processo de decisão), passam a ser tomadas em um universo mais restrito, eliminadas que foram – em exercício previamente desenvolvido — as alternativas que não satisfaziam os requisitos inicialmente fixados como desejáveis para o curso dos negócios.

Escapa aos objetivos deste Capítulo, entretanto, discutir as virtudes ou as características de um bom processo de planejamento. Frisemos apenas que ele necessariamente deve considerar os objetivos e condicionantes dos *stakeholders*, ou seja, daqueles grupos de pessoas que têm algum tipo de interesse ou interação com a empresa e que influenciam suas operações, tais como os acionistas, gestores, funcionários, fornecedores, parceiros e os que pertencem às comunidades onde a empresa atua.

Planejamento, em Governança Corporativa, é um mapa para se chegar aonde se deseja, de modo a alcançar, de forma equilibrada, os objetivos dos *stakeholders*, mostrando o caminho por onde se pretende seguir e as vias alternativas que se poderão utilizar caso, em algum momento, o caminho principal se mostrar bloqueado ou não disponível.

Com essa visão de planejamento, conclui-se que a mensuração de resultados deve incluir bem mais do que a simples visão financeira que historicamente sempre prevaleceu. Embora seja uma boa síntese da operação realizada – até porque o resultado medido em termos financeiros nada mais é do que a conseqüência e a tradução de quão bem a empresa se saiu operacionalmente –, a limitação da avaliação de resultados exclusivamente à dimensão financeira não é mais suficiente para dar ao gestor as informações de que necessita para competir em um ambiente de negócios cada vez mais competitivo e complexo.

> "Planejamento, em Governança Corporativa, é um mapa para se chegar aonde se deseja (...)"

A apuração de resultados é essencial em cinco tipos de situações, sempre presentes na rotina empresarial: (a) na tomada de decisões relativas ao negócio, a seus insumos, aos processos que utiliza e aos produtos ou serviços que gera; (b) no controle do empreendimento, permitindo que ações gerenciais sejam corrigidas e aprimoradas, em uma atividade contínua de análise, avaliação e realimentação; (c) na aprendizagem, pelos funcionários, dos indicadores que melhor traduzem o desenvolvimento das operações da empresa, ajudando-os a focar no que é relevante e treinando-os no entendimento e para o alcance das expectativas e orientações da alta gerência; (d) na avaliação de desempenho de gestores e funcionários; e (e) na comunicação externa do desenvolvimento dos negócios.

Em qualquer dos casos, o resultado que interessa conhecer é a comparação entre o que se conseguiu realizar e o que inicialmente se planejou alcançar. O resultado obtido em uma atividade de negócios, quer na empresa como um todo, quer em um processo específico por ela utilizado, ou no desempenho das tarefas por um de seus dirigentes ou funcionários, será bom ou ruim dependendo de metas que – fixadas antecipadamente e fruto do consenso obtido após debate das condições e perspectivas do negócio – idealmente traduziram o que seria razoável esperar-se.

No início de um negócio, as metas – quase sempre implícitas – estão profundamente associadas à visão do empreendedor (no que é, aliás, uma das molas propulsoras mais importantes no deslanchar de qualquer negócio). Já a sobrevivência e perenidade de uma empresa dependem da disciplina com que se fixem metas equilibradamente pensadas e estabelecidas. São metas que devem estar situadas naquela região cinzenta entre o razoavelmente desafiador e o ainda factível. Por isso, metas sempre poderão ter uma parcela que não se presta, quando de sua determinação, a uma justificação quantitativa. Entretanto, metas e seu nível de consecução têm que ser mensuráveis.

Disso decorrem duas conseqüências imediatas. A primeira, é que a empresa genuinamente comprometida com a própria consolidação pelos anos à frente deve ter um processo de planejamento funcionando, a partir do qual serão desenvolvidas metas com fundamentação no mundo real em que a empresa opera e nas expectativas razoáveis que tenham seus acionistas e corpo funcional. A segunda, é que ela deve ter um sistema de controle que, refletindo o que foi definido em seu planejamento, seja capaz de acompanhar as variáveis necessárias à avaliação de quão próximo ou distante está o cumprimento de tudo o que de relevante se planejou alcançar.

> "O planejamento de um negócio se faz tipicamente em três níveis: (a) estratégico (...); (b) tático (...); e (c) operacional (...)"

O planejamento de um negócio se faz tipicamente em três níveis: (a) estratégico, traduzido em planos de negócio e outros planos de longo prazo; (b) tático, expresso em planos de ação; e (c) operacional, definido principalmente em termos de ações e orçamentos de curto e médio prazos. Esses três níveis englobam a cadeia de passos e decisões que se devem conectar de forma ordenada para que a empresa alcance seus objetivos de mais longo prazo.

Observa-se, porém, que a adoção de um sistema formal de planejamento costuma depender do porte já atingido pela empresa. Entretanto, estes três níveis de ação – estratégico, tático e operacional – estão presentes, explícita ou implicitamente, em boa parte das decisões tomadas na empresa, independentemente do estágio do negócio, de sua fase de crescimento ou da área de atuação dela. Mais ainda, eles estão presentes independentemente da vontade ou da percepção do gestor.

Ou seja, independentemente do porte da empresa, mesmo as mais simples decisões diárias têm um percentual de componentes táticos e estratégicos que, ao se acumularem, poderão levar a empresa desavisada a resultados impensáveis e, possivelmente, indesejáveis, se os efeitos delas não forem acompanhados em relação a planos.

Não bastassem outros argumentos, essa última constatação, sozinha, já deveria ser suficiente para levar a questão dos controles e da apuração de resultados a um patamar superior de atenção dentro da empresa. Então, como um corolário natural do que até agora foi dito, pode-se concluir que um sistema de controle, para ser adequado, deverá ser capaz de avaliar o cumprimento das metas em cada um dos três níveis citados, em vez de ficar restrito – como é comum acontecer – a informações que se resumem ao conjunto tradicional de demonstrativos financeiros e a um apanhado não necessariamente coerente de relatórios gerenciais dispersos, individualmente desenvolvidos pelas áreas que os utilizam e, em alguns casos, conflitantes.

Esse sistema de controle abrangente deve começar a funcionar tão logo a empresa abra suas portas, tão logo tenham sido definidos seus planos de implantação e desenvolvimento. E não se deve confundir aqui abrangência com sofisticação ou com custos elevados. O que se afirma é que os três níveis de planejamento – estratégico, tático e operacional – devem ser monitorados, com o maior grau de profundidade e relevância que permitam os recursos da empresa, desde o início. Dito de outra forma, a discussão e o estabelecimento de quaisquer planos dentro da empresa – inclusive os de sua própria implantação – devem incluir a definição clara de quais são as variáveis relevantes que, por melhor traduzirem o desenvolvimento dos mesmos, deverão ser acompanhadas para que se tenha uma avaliação correta do sucesso ou não deles. Para essas variáveis devem ser definidos tanto os valores de referência que informarão o gestor da necessidade ou não de ajustes no que venha sendo realizado, como a forma e freqüência de mensuração delas.

Assim, toda empresa deve ter claro que crescimento sustentado e perenidade pressupõem planejamento, e que planejamento só tem sentido se junto a ele, avaliando as variáveis adequadas e no nível necessário a seu correto acompanhamento, existe um sistema de controle coerente e confiável, desenvolvido com atenção especial dada à relevância das variáveis escolhidas como indicadores daquilo que se quer acompanhar.

> "Nada mais perigoso para uma empresa do que usar um sistema de controle conceitualmente falho em sua tomada de decisões (...)"

Desenvolver sistemas de controle é uma daquelas tarefas que transitam livremente entre a ciência e a arte. A ciência, no caso, tem a ver com o conhecimento dos fundamentos conceituais básicos, físicos, financeiros e qualitativos, sobre os quais a lógica do sistema deve se assentar. Por exemplo, se seus controles não conseguem separar claramente conceitos de caixa e contábeis, se mesclam em um mesmo pote despesas de custeio e investimento, se não estão preparados para acompanhar a variação física no *output* de um processo-chave em sua cadeia de fabricação de um produto ou de prestação de um serviço, considere seriamente aprimorá-los antes de fazer uso pleno deles. Nada mais perigoso para uma empresa do que usar um sistema de controle conceitualmente falho em sua tomada de decisões, avaliação de desempenhos ou acompanhamento de projetos, pela razão simples de não haver como gerir adequadamente um empreendimento, por melhor que sejam as condições existentes, se isto se faz sobre um conjunto de informações obtido com base em conceitos erradamente aplicados. Se este for o caso de sua empresa, não hesite em rapidamente lançar mão de itens como investimentos em sistemas específicos, treinamento de pessoal e aquisição de conhecimento técnico externo.

Quanto à arte no desenvolvimento de sistemas de controle, ela tem a ver com o conhecimento que os gestores devem ter não só das especificidades das operações da empresa, e de sua indústria, mas também do que ela planeja alcançar e da estratégia que elegeu para tanto. Por exemplo, se a empresa tem uma dependência grande de um determinado insumo – quer por ser imprescindível às operações, quer pela relevância do custo dele no total das despesas –, pode ser essencial acompanhá-lo de forma mais detalhada do que normalmente se faria em relação a outros insumos. Se este insumo for, digamos, o conhecimento técnico que determinado profissional tem sobre um processo interno capital, cabe ter-se um Plano B para a eventual saída dele e o acompanhamento em questão passará pelas alternativas de mercado disponíveis, pela permanente preocupação em treinar eventuais substitutos e pela verificação freqüente tanto do nível de motivação do profissional quanto de seu pacote de remuneração.

Em outros casos, pode ser necessário o desenvolvimento de medidas indiretas que permitam uma antecipação em relação a uma futura falta de determinado insumo importante, ou a uma variação relevante em seu custo. Neste caso, a sensibilidade dos gestores pode mostrar que, por exemplo, variações neste insumo podem ser causadas por acontecimentos em outra indústria não relacionada àquela em que opera a empresa, mas que também use o mesmo insumo ou um insumo que derive da mesma matéria-prima (como no caso, por exemplo, de o custo de hotelaria em um hospital ser influenciado pelo aumento do preço do gás que move os equipamentos da lavanderia, ou dos custos de uma tomografia sofrerem o impacto da variação da taxa de câmbio sobre os contratos de *leasing* que financiaram a máquina, para o qual não se fez *hedge* adequado).

Então, o desenvolvimento de sistemas de controle eficientes exige que se mesclem o domínio contábil-financeiro das técnicas de controle, o conhecimento físico da operação completa e das variáveis internas e externas que podem ter impacto relevante nela, e a sensibilidade do gestor quanto às características de natureza qualitativa que, dado os objetivos e a estratégia da empresa, devam ser mais detalhadamente acompanhadas (e para as quais se devam estabelecer índices ou outros parâmetros que, ainda que de forma indireta, dêem ao administrador uma noção mais clara de tendências e riscos futuros).

Ou seja, da precisão e do uso adequado do sistema de controle dependem não só as medidas de correção a serem tomadas pelo gestor, como também as decisões de nível operacional, tático e estratégico que se impõem na realidade da vida empresarial. Como está indo a empresa? Quão eficientes estão sendo seus gestores? O retorno é adequado ao acionista? A sobrevivência da empresa está garantida? Como os funcionários a percebem? E os clientes, atuais e potenciais, como a estão avaliando? A empresa está seguindo com fidelidade as leis, normas e regulamentos que se aplicam às suas atividades? A empresa tem qualidade em seus processos? Estou comprando como deveria? Quais os custos financeiros de meu estoque? Estou explorando adequadamente minhas oportunidades de parcerias estratégicas? Essas são apenas algumas das perguntas a serem respondidas pelos que têm a responsabilidade de desempenhar funções ligadas à Governança Corporativa. A simples formulação desse pequeno rol exemplificativo de questões torna evidente que mensuração de resultados vai bem mais além do que responder simplesmente se a empresa, este ano, foi ou não lucrativa.

> "(...) mensuração de resultados vai bem mais além do que responder simplesmente se a empresa, este ano, foi ou não lucrativa."

Como quase tudo no âmbito empresarial, o desenho de um sistema de controle também requer um equilíbrio entre o nível de relevância e abrangência das informações que provê e o custo em obtê-las. Além disso, um sistema de controle é adequado se, observadas as limitações de custo de implantação e operação impostas pela realidade do estágio atual da empresa, permite o acompanhamento preciso e tempestivo das variáveis financeiras e físicas que sejam necessárias à avaliação dos objetivos dos diferentes *stakeholders*. E embora em determinado momento se possa dar prioridade à apuração de resultado sob a ótica de um ou outro grupo, a empresa deve a cada um de seus *stakeholders* a aferição de quão bem os objetivos específicos deles estão sendo atingidos ou, pelo menos, o fornecimento a eles das informações básicas que permitam tal aferição.

Mesmo dentro de um mesmo grupo de *stakeholders* existem objetivos que podem ser atingidos agora, mas às expensas de sua consecução mais à frente, ou, alternativamente, adiados, por enquanto, ante a expectativa de ganhos mais significativos mais adiante.

Daí resulta a conclusão de que existe na análise de resultados um componente de tempo cuja consideração é fundamental. Um excelente desempenho de determinada variável neste exercício pode estar mascarando a impossibilidade de se atingirem, um pouco mais à frente, as metas traçadas para esta mesma ou para outras variáveis. Um ótimo resultado de caixa ao final deste exercício, por exemplo, pode significar o comprometimento permanente do crescimento futuro da empresa – e seu futuro fluxo de caixa – se o resultado em questão foi alcançado com o adiamento de investimentos essenciais à viabilidade do negócio.

Agora que a era do retorno financeiro mascarando a qualidade da gestão parece estar chegando ao fim em nosso país, a geração de resultado operacional e, por conseqüência, a necessidade de se apurar com precisão cada vez maior a eficiência de cada processo utilizado na empresa tornam-se mais evidentes.

Como vimos, a apuração de resultados passa por um misto de controle de variáveis financeiras e físicas. O sistema de controle deve refletir esta necessidade e permitir que se identifiquem as causas reais dos desvios orçamentários e de outros planos empresariais, sejam eles de uma natureza financeira ou física. Todo gestor precisa saber, também, que mesmo aqueles itens que aparentemente seguiram à risca os valores projetados (algo, aliás, que deve ser sempre visto com alguma suspeição) podem esconder discrepâncias de vulto que exijam análise e, eventualmente, correção. Se, por exemplo, a empresa teve um custo mensal com pessoal de enfermagem de R$ 10 mil, e isto foi exatamente o previsto no orçamento, é importante que a apuração de resultados vá um pouco mais além e mostre se isto ocorreu porque foram empregados cinco profissionais a um custo de R$ 2 mil cada, ou se foram dois profissionais a R$ 5 mil cada um. As conclusões sobre cada uma das duas situações serão, provavelmente, completamente diversas e devem ser analisadas, quanto à sua adequação ou não, à luz do que havia sido planejado.

A sensibilidade do gestor também é necessária para definir o nível de detalhe a que se deseja ou necessita chegar, de modo a explicar adequadamente as variações que se detectem em relação ao inicialmente planejado. Por exemplo, um gestor pode constatar que, dada a quantidade efetivamente realizada, em

> "Todo gestor precisa saber, também, que mesmo aqueles itens que aparentemente seguiram à risca os valores projetados (...) podem esconder discrepâncias de vulto (...)"

certo período, de procedimentos médicos que utilizam determinado material, o gasto com o referido material foi superior ao primeiramente estimado. São vários os questionamentos que ele pode fazer. O que ocorreu? Foi o custo unitário do material que aumentou, ou ele foi utilizado em volume maior do que o antecipado? Se seu custo aumentou, isto foi em resposta a um aumento generalizado de preços ou à ausência de concorrência para o meu fornecedor? Se foi a utilização que aumentou, houve protocolos de procedimento não seguidos? Ou os protocolos devem ser revistos, por não mais refletirem o procedimento correto? O gasto excessivo pode ter ocorrido pela necessidade de descartar parte do que havia em estoque, por decurso do prazo de validade? Ou houve um aumento no tempo em que o material ficou em estoque, acarretando aumento de custos financeiros? Será que houve compra de material em excesso? Será que meu estabelecimento vem sendo preterido em favor de outros para a realização desse procedimento médico e, assim, o material em estoque, encomendado sem atentar para esta redução de utilização, vem atingindo seu prazo de validade sem sair das prateleiras? Se positiva a resposta, isto vem ocorrendo pelos preços que cobro, pela imperícia ou inexperiência percebida pelo mercado nos profissionais que aqui trabalham, pela inadequação dos equipamentos que possuo, pelo mau atendimento de meu *call center* na solicitação de internações, pela localização geográfica inadequada de meu estabelecimento ou, talvez, por já existirem alternativas tecnologicamente mais modernas para a solução do mesmo problema de saúde?

São muitas as perguntas que se podem levantar sobre a simples constatação de uma discrepância entre um resultado real de determinada variável e o que era estimado para ela. O que se espera de um bom sistema de controle e de apuração de resultados é que ele, com o nível de relevância e fidelidade adequados, seja capaz de, junto com a constatação do resultado inadequado, também fornecer informações suficientes para que se chegue à causa da discrepância observada, permitindo sua correção tempestiva.

Todo gestor deve planejar suas ações, sabendo de antemão que a realidade lhe trará surpresas e imprevistos a toda hora. Os que se entregam ao exercício de determinar as variáveis estratégicas, táticas e operacionais que mais fielmente refletem os objetivos que se pretendem alcançar e a estratégia escolhida para tal, e, adicionalmente, se habituam a acompanhar periodicamente tais variáveis ao nível de relevância necessário, estarão sempre melhor equipados do que seus concorrentes. É que, ainda que estejam mais distantes da rota inicialmente traçada, eles estarão em muito melhor posição para entender com mais clareza o que aconteceu e o que pode ser feito para tentar voltar ao rumo escolhido.

TEMA EM DEBATE

Análise de Resultados

Participaram das entrevistas para a discussão deste tema*:

— **Carlos Salles**, ex-presidente da Xerox, hoje consultor empresarial e presidente do Conselho Superior do Movimento Brasil Competitivo.

— **Celso Barros**, presidente da UNIMED-Rio.

— **José Henrique do Prado Fay**, diretor superintendente do Hospital Alemão Oswaldo Cruz (SP).

Mesmo que ainda não estejam no nível de total transparência de empresas de grande porte, com ações negociadas na Bolsa de Valores, como parte de um processo, em constante avanço, as empresas de saúde podem – e devem – seguir os principais conceitos de Governança Corporativa. Esta é a opinião de um dos maiores especialistas em gestão empresarial e em Governança Corporativa no país, Carlos Salles, ex-presidente da Xerox, hoje consultor empresarial e presidente do Conselho Superior do Movimento Brasil Competitivo. Ele adverte, no entanto, que há uma certa banalização no uso deste termo.

"Governança Corporativa é uma expressão que está sendo usada de forma muito ampla. É bom lembrar que este conceito

---

* As entrevistas para a produção deste capítulo foram realizadas entre outubro de 2006 e fevereiro de 2007. Portanto, os cargos, instituições e empresas citadas referem-se àquele período.

nasceu como um conjunto de processos e instrumentos para que uma Sociedade Anônima fosse avaliada com transparência por acionistas e pelo mercado. Este processo evoluiu ao longo dos anos de tal forma que também pequenas e médias empresas, abertas ou fechadas, passaram a adotar esta mesma postura, o que levou a expressão Governança Corporativa a ser tomada como um modelo moderno e eficaz de gestão empresarial", avalia Salles.

Enfático, o executivo frisa que todas as empresas da área de saúde, da mesma forma que as do varejo, organizações que lidam com educação ou indústrias, precisam de uma Governança adequada: "Não há por que diferenciar os serviços de saúde das demais cadeias produtivas."

Com a experiência acumulada de quem já vivenciou diferentes setores estratégicos da economia, o presidente do Conselho Superior do Movimento Brasil Competitivo revela já ter ouvido, várias vezes, o comentário de que saúde e educação são negócios diferenciados, não podendo, portanto, ser tratados como mercadorias.

Salles discorda desta afirmativa. "No Brasil, os maiores problemas são justamente a saúde e a educação. É preciso gerenciá-las com o olho nos resultados. Mesmo a saúde pública: se houvesse maior preocupação com os resultados, não teríamos um sistema tão vulnerável, incapaz de prevenir crises como estas que temos visto ultimamente, como os escândalos dos Vampiros e dos Sanguessugas."

Destaca um dado alarmante em Educação: de cada R$100,00 investidos pelo Estado brasileiro, apenas R$38,00 realmente chegam à ponta final. Isso evidencia, alerta o consultor empresarial, que aí estão faltando gestão de qualidade, foco e preocupação com resultados.

Bons exemplos da busca por boa gestão são as UNIMEDs. Como são cooperativas médicas, por sua própria natureza sempre seguiram várias regras de Governança, antes até de este termo se tornar usual, segundo Celso Barros, presidente da UNIMED-Rio. Ele afirma que a transparência na apresentação dos resultados, a livre participação dos médicos cooperados na gestão da empresa e na definição de seus rumos, e a suprema capacidade de interferência direta na gestão através do voto, por intermédio do qual as diretorias são conduzidas a seus mandatos por tempo determinado, são apenas alguns dos componentes de Governança Corporativa verificáveis naquela cooperativa.

E observa que a partir do momento em que se elaboram de maneira mais precisa o conceito e a aplicabilidade da Governança Corporativa em vários segmentos empresariais, a UNIMED-Rio passa a incorporar condutas específicas para a sua atividade, relacionadas especialmente às suas inter-relações com clientes, parceiros estratégicos e com a sociedade na qual está inserida.

O diretor superintendente do Hospital Alemão Oswaldo Cruz (SP) – outra referência de excelência do setor –, José Henrique do Prado Fay, também reforça que as empresas não podem prescindir de um modelo de Governança Corporativa para garantir decisões estratégicas que assegurem sua sobrevivência consistente no longo prazo:

"É preciso reconhecer que a orientação para a estratégia, bem como o acompanhamento da implementação dos ajustes operacionais decorrentes do planejamento, não podem ficar somente sob a responsabilidade do grupo executivo. É o exercício das atribuições e responsabilidades da Governança Corporativa que garante o direcionamento dos esforços no sentido dos objetivos estratégicos da organização. É nesse ponto que as empresas que desenvolveram um bom modelo de Governança Corporativa obtêm vantagens significantes", opina.

Ele destaca que, na área da Saúde, há uma preocupação crescente das instituições em desenvolver Governança Corporativa, "muito embora ainda sejam tênues os resultados que se podem constatar no conjunto do setor".

Na opinião de Fay, os resultados técnicos devem sempre estar alinhados aos resultados financeiros. Isso não significa, adverte, de maneira alguma, que os resultados financeiros devam predominar em relação aos resultados técnicos.

Para o diretor do Hospital Alemão Oswaldo Cruz, a questão relevante é estabelecer qual o nível adequado desse alinhamento. Uma empresa não sobrevive se não obtém resultados financeiros, porém a sua manutenção no mercado não pode prescindir dos resultados técnicos, que, ao final, se constituem em importantes diferenciais competitivos. É preciso compreender, no setor de Saúde, a importância da padronização e da racionalização e gerenciamento de processos. Sem isso, não há resultados técnicos e muito menos melhora nos resultados financeiros.

"Os resultados de uma empresa devem observar quatro dimensões, em especial: a qualidade do produto ou serviço que ela é capaz de entregar, a satisfação das expectativas das partes interessadas, o resultado financeiro que se traduz por lucro e o valor que agrega à comunidade e à sociedade pela sua atividade", analisa.

"É preciso compreender, no setor de Saúde, a importância da padronização e da racionalização e gerenciamento de processos."

Setor Não é Regido Somente por Leis de Mercado

A saúde, analisam os especialistas, é um bem de consumo não regulado unicamente pelas leis de mercado. Como compatibilizar, portanto, investimentos e retorno? Celso Barros frisa ser preciso, acima de tudo, fidelidade ao objetivo da organização. A missão da UNIMED-Rio – conta – é ser uma organização profissional capaz de oferecer soluções éticas e de qualidade em Saúde, compartilhando com seus associados o desafio de obter resultados visando à satisfação dos clientes, colaboradores e parceiros estratégicos. Com essa perspectiva, complementa o presidente da UNIMED-Rio, todo o investimento realizado busca, em última instância, criar vantagens que sejam perceptíveis para esses públicos.

"Como somos uma cooperativa de trabalho, não temos compromisso com a lucratividade, e sim com a geração de trabalho para os associados, vinculada a uma remuneração adequada e suficiente para garantir o melhor padrão de atendimento ao cliente."

Carlos Salles ressalta não conhecer um setor que seja regido apenas pelas leis do mercado. Cita como exemplo a aviação: é um setor altamente regulamentado pelas autoridades. Qualquer outro tipo de atividade empresarial é sempre alvo de maior ou menor regulamentação estatal.

> "(...) na Saúde, como em qualquer outro setor, o que faz a diferença é a qualidade da gestão."

"Então, saúde não é exceção. Gostaria de frisar que na Saúde, como em qualquer outro setor, o que faz a diferença é a qualidade da gestão."

Os mecanismos de medição da eficácia gerencial – diz o ex-presidente da Xerox – são muito fáceis de usar e muito eficientes. Os hospitais ligados à Associação Nacional de Hospitais Privados (ANAHP) fizeram recentemente o seu planejamento estratégico, e, entre outras diretrizes, definiram que um dos seus objetivos é, gastando o mínimo necessário de recursos, atingir o máximo de resultados. O corolário deste posicionamento é a identificação do desperdício como um dos maiores inimigos da saúde.

Ele dá como exemplo a Santa Casa de Misericórdia de Porto Alegre. Em 1979, o hospital faliu e fechou as portas. Foi realizada uma subscrição pública equivalente a R$ 700 mil em valores atuais. Dois anos depois, a entidade, de novo, fechou as portas por insolvência. Por essa altura, uma nova captação de doações de recursos privados foi condicionada a uma radical mudança no estilo de gestão. E assim aconteceu: em vinte anos, houve um intenso e eficiente processo de mudança na abordagem dos processos gerenciais.

"Deu certo. Esta Santa Casa recebeu em 2001 o Prêmio Nacional de Qualidade e é hoje uma empresa superavitária, apontada como modelo de gestão hospitalar e referência internacional em matéria de transplante de fígado", relata.

Quanto ao retorno financeiro, o executivo acredita que tudo se resume em cuidar, de forma judiciosa e profissional, da utilização dos recursos financeiros disponíveis. O retorno é conseqüência disto. E volta ao caso da Santa Casa de Porto Alegre: ali são feitos cerca de 4,5 mil atendimentos por dia, praticamente o mesmo número realizado em um hospital público ali bem perto. A diferença, frisa Salles, é que, nesta Santa Casa, os custos operacionais são de cerca de R$150 milhões por ano, e no hospital vizinho chegam a R$450 milhões/ano. "Portanto, não é uma questão de focar só no lucro, mas, sim, no que se realiza com os recursos disponíveis."

Na opinião de Salles, a rentabilidade financeira é decorrência da excelência da gestão, mas os resultados alcançados dependem muito da atividade econômica em que está o empreendimento e de diversos outros fatores. "É muito difícil estabelecer um percentual universalmente adequado para todos os tipos de negócio."

Celso Barros crê que o negócio tem o retorno financeiro adequado quando permite gerar satisfação para todos os seus parceiros estratégicos, como: atender as expectativas dos seus acionistas em relação à remuneração dos seus investimentos, gerando ganho acima do custo de oportunidade; atender as necessidades do próprio negócio em relação às perspectivas de investimento para o seu crescimento sustentado; garantir a possibilidade de geração de emprego, crescimento profissional e remuneração igual ou acima do mercado para os seus colaboradores; e permitir o envolvimento em ações de Responsabilidade Social, gerando benefícios para a comunidade envolvida.

O presidente da UNIMED-Rio assinala que o alinhamento entre resultados técnicos favoráveis e resultados financeiros coerentes com os resultados técnicos é inevitável para a boa gestão e o bom desempenho do negócio.

"Buscar retorno econômico-financeiro para, através dele, cumprir seus objetivos empresariais, é uma boa prática em qualquer tipo de organização. A UNIMED-Rio vem ampliando sua presença no mercado, confirmando-se como líder no segmento de saúde suplementar no município. Além disso, tem mantido equilíbrio entre receita e custos e, como disse antes, está cumprindo o seu papel de maneira adequada, o que é reconhecido pelos médicos associados, que aprovam a gestão com mais de 85% de avaliações ótima/boa", diz Barros.

"Retorno sobre investimento é uma questão de sobrevivência."

José Henrique Fay frisa não haver mais espaço para amadorismo, e o retorno sobre o valor investido deve ser não só calculado, como o seu resultado deve ser tomado de forma significativa, como um dos fatores mais importantes. "O que se deve considerar é que, quando relevantes para a estratégia, os investimentos podem ter prazo de retorno mais dilatado. Retorno sobre investimento é uma questão de sobrevivência."

Para o diretor do HAOC, o retorno financeiro em nosso país sofre com a comparação em relação à taxa de juros, bastante elevada para sustentar os níveis projetados para as metas de controle da inflação. "Assim, é preciso examinar os resultados do negócio para verificar se o retorno financeiro do projeto é aceitável em relação ao que a empresa tem obtido como resultado em sua operação. A análise dos projetos no setor de Saúde deve observar, no entanto, níveis mínimos de retorno financeiro, não devendo descuidar da remuneração do capital", recomenda.

Mudança de Cultura de Colaboradores

Em um movimento muito parecido, o mercado de Saúde do Brasil está vivendo angústia semelhante à que os bancos enfrentaram há 30 anos e o setor industrial encarou há mais de 20 anos: encontrar uma forma de mudar a cultura dos colaboradores, definir um bom modelo de gestão e, ainda, implantar um avançado Sistema de Gestão automatizado. Consultamos os especialistas para saber que ações sugerem que sejam implantadas em uma organização de Saúde para que isso ocorra e os melhores resultados apareçam.

A recomendação de Salles é quanto à necessidade de se examinar a cadeia da saúde como um todo. Hospitais, planos de saúde, empresas fornecedoras de tecnologia e equipamentos, laboratórios, médicos, enfermeiros, doentes, SUS, governo, todos têm a ver com a qualidade final dos serviços de saúde. Ele destaca que a sua avaliação é a de alguém que observa todo este contexto do lado de fora.

"A impressão que eu tenho é que cada um desses atores pode estar tentando ganhar a guerra sozinho, com o risco de fazê-lo em detrimento dos outros elos da cadeia. Não pode ser assim! Só existirá um setor de Saúde à altura das expectativas da sociedade brasileira se os resultados forem bons para todos. Acho que falta consenso, algo do tipo a que os espanhóis chamam de *concertacion*, cada um abrindo mão de um pouco para se chegar a um todo fortalecido. Todos os elos da cadeia da saúde precisam estar unidos em prol de um processo de excelência. Apenas quando isso acontecer será possível ter uma saúde de primeira classe para toda a sociedade brasileira", afirma Carlos Salles, que é também presidente do Conselho Superior do Movimento Brasil Competitivo.

O setor moveleiro é, na opinião de Salles, um bom exemplo de que este modelo deu certo. Muitas empresas vendiam móveis fabricados com madeira retirada ilegalmente. Os mercados americano e europeu, por motivações de proteção ambiental, barraram a entrada destes produtos. Só então, diante do impasse, é que o setor se uniu de verdade por medidas que valorizaram e fortaleceram toda a cadeia produtiva. Foi neste contexto, observa Salles, que se criou o selo verde para a madeira, para as indústrias e para os móveis.

"Estou convencido de que a saúde, pública e privada, não tem outra opção senão esta convergência de iniciativas que conciliem os interesses legítimos de todos os elos da respectiva cadeia produtiva, construindo assim uma estrada de qualidade. Como "parte interessada", faço votos para que este entendimento geral ocorra o quanto antes", destaca.

As variáveis que interferem nessa receita são inúmeras – na avaliação de Barros – e dependem obviamente da empresa, de sua cultura, de seu mercado e do seu modelo de gestão. Mas ele adverte que há algumas indicações inevitáveis, sem as quais possivelmente organização alguma consegue manter-se na linha ascendente de desenvolvimento: investimento em tecnologia, treinamento e qualificação de suas equipes, remuneração adequada para toda a sua rede de fornecedores e parceiros estratégicos, controle rigoroso dos custos variáveis, comprometimento dos colaboradores, relações absolutamente éticas e justas com seus clientes – o que resulta em elevados índices de satisfação, e assim por diante.

> "Talvez o componente mais importante para o sucesso possa ser traduzido em uma palavra: credibilidade."

"Talvez o componente mais importante para o sucesso, entretanto, possa ser traduzido em uma palavra: credibilidade. Ela engloba todos os fatores que importam para uma imagem definida e respeitada, e após conquistada deve ser o alvo de todas as atenções. Credibilidade é o maior e mais valioso ativo de qualquer pessoa, física ou jurídica", conclui.

O diretor superintendente do HAOC acredita que, isoladamente, não existem ações que possam produzir, por si só, melhores resultados nas nossas organizações. Na sua opinião, é preciso abordar as questões para melhorar os resultados de forma sistêmica e trabalhar utilizando um conjunto conseqüente de ferramentas.

"Podemos pensar que as organizações do nosso tempo são mais complexas porque estão calcadas, não mais na tecnologia ou no conhecimento, mas, sobretudo, nas relações existentes entre as diversas partes que as integram. A participação e o envolvimento das diversas partes (médicos, colaboradores, fornecedores, clientes, comunidade, dentre outras) tornam-se obrigatórios para a obtenção de melhores resultados", diz.

Ele acredita ser preciso começar conhecendo, com razoável dose de certeza, aonde se deve chegar. As técnicas e ferramentas de gestão oferecidas pelos programas de qualidade, o desenvolvimento da educação continuada, a remuneração fixa associada a uma parcela variável de acordo com o resultado, a liberdade para inovação, além do compartilhamento claro e transparente das informações sobre o andamento das ações operacionais e estratégicas, podem se constituir – sugere Fay – em importantes pilares, nos quais se sustentam os melhores resultados técnicos e financeiros.

"É uma longa caminhada que deve respeitar as possibilidades de resposta de cada uma das partes, ao mesmo tempo que não deve abdicar de imprimir velocidade, respeitando, sempre, os limites de segurança que garantam o crescimento permanente em direção aos objetivos estabelecidos. O setor de Saúde, mesmo frente a imensas dificuldades, tem conseguido, ao longo dos últimos anos, alguns importantes avanços. Estes resultados, porém, se tornam de menor significado porque prescindem, ainda, da integração dos interesses das diversas partes. Assim, preciosas oportunidades de modernização não têm sido bem aproveitadas por conta da visão equivocada de que a maximização dos resultados de uma das partes não precisa considerar as perdas que, eventualmente, possam estar sendo impostas às demais", conclui.

ESTRUTURA DE NEGÓCIOS

A Arquitetura da Organização

> *"A melhor maneira de prever o futuro é criá-lo."*
>
> Peter Drucker

FILINTO MÜLLER

ECONOMISTA, PÓS-GRADUADO EM ENGENHARIA ECONÔMICA, É GERENTE ASSOCIADO DO GRUPO ÁGORA SENIOR. EXERCEU CARGOS DE DIREÇÃO EM DIVERSAS EMPRESAS DO SETOR DE SEGUROS E DO MERCADO FINANCEIRO. FOI VICE-PRESIDENTE DA ASSOCIAÇÃO BRASILEIRA DE ANALISTAS DE MERCADO DE CAPITAIS-RJ.

Pensar a melhor forma de funcionamento de um empreendimento em Saúde requer do gestor as mesmas habilidades de um arquiteto, com a função de desenhar toda uma organização e pensar no seu funcionamento e suas interligações, com a mesma visão de futuro habitualmente presente na arquitetura.

Com a lógica de um arquiteto, o empreendedor deve pensar o seu atual ou futuro negócio, tentando projetar a organização ideal para as demandas que julga existir. Essa é, possivelmente, a mais difícil tarefa de um empreendedor, pois, como disse Peter Drucker, "a melhor maneira de prever o futuro é criá-lo".

Senão, vejamos: ao tentar criar um Plano de Negócios, o empreendedor tem que ter em mente o espaço no segmento Saúde que se quer ocupar a partir de sua visão de longo prazo.

É essa visão que vai ditar toda a estrutura necessária para o empreendimento.

É nesta etapa que muitos gestores se equivocam na avaliação de seu negócio. É muito comum os responsáveis dimensionarem erradamente o tamanho de sua estrutura em decorrência de não terem analisado corretamente o tamanho do mercado alvo que desejam ocupar.

Mensurar o tamanho da sua estrutura – para mais ou para menos – pode gerar insucessos no atendimento aos clientes por falta de adequação na atenção ou ociosidade e desperdício de espaço, equipamentos e pessoas.

É muito importante que haja uma boa pesquisa de mercado antes de se projetar o modelo de negócio, evitando-se assim erros importantes nas tomadas de decisão que poderão inviabilizar o negócio em algum momento de sua trajetória.

Conhecidas as necessidades do mercado e definidos os produtos e serviços que serão oferecidos, o empreendedor está habilitado a desenhar o seu "plano de negócios" e projetar os seus resultados.

A partir desse ponto, inicia-se o difícil exercício de projetar a estrutura do negócio a ser implantado, tendo-se o cuidado de dividir essa estrutura em quatro tópicos: a estrutura física; os recursos humanos; as ações e os procedimentos necessários para o correto funcionamento do empreendimento; e o plano de negócios.

Uma estrutura física deve ser definida utilizando-se um conjunto de requisitos básicos. Em se tratando do setor de Saúde, a localização da unidade é o primeiro deles. Um bom estudo de localização é fundamental nesta fase de tomada de decisão. O empreendedor deve procurar localizar a unidade de saúde em lugares de fácil acesso para seus clientes e o mais próximo possível de seus fornecedores.

Estabelecida a estrutura ideal, chega então o momento de se projetarem os recursos humanos necessários para o adequa-

> "O empreendedor deve procurar localizar a unidade de saúde em lugares de fácil acesso para seus clientes (...)"

do funcionamento da empresa. É hora de pensar nos cargos, nas funções e em quem vai fazer o quê. Desenhar-se um plano de cargos e salários com a descrição das atividades funcionais é fundamental para o sucesso do empreendimento. É interessante, portanto, que o empreendedor tenha em mente o desenho disso, nem que seja traçando um simples organograma que servirá de base para as suas tomadas de decisão no futuro.

Concluídas as etapas anteriores, deve ser iniciado o planejamento de todos os procedimentos indispensáveis para o eficiente e eficaz funcionamento da empresa. Essa é, possivelmente, a fase mais demorada e trabalhosa de todo esse processo de análise estrutural, pois requer uma descrição detalhada dos processos operacionais da nova organização, com a definição dos indicadores desejados em todos os seus níveis operacionais. Isso inclui recrutamento, seleção, treinamento de pessoal técnico e administrativo, compras, vendas, gestão financeira, contábil, contratualização, gerenciamento dos processos de qualidade e análise dos resultados.

Não há dúvidas de que esse é o momento em que o empreendedor revela-se como bom ou mau gestor, já que necessita possuir um aguçado senso de planejamento para definir os processos da maneira mais adequada possível.

Assim como um arquiteto, o empreendedor se posiciona como um projetista que tem em suas mãos um sonho ou objetivo. No entanto, sua função não ficará limitada a esse projeto. Deverá lançar-se muito além da prancheta, já que esse empreendedor tem ainda, como obrigação, de dar vida a tudo aquilo que projetou.

É da natureza das atividades econômicas a tomada de decisões num ambiente de incertezas que, por sua vez, implica a expectativa de recebimento, no futuro, de um prêmio (lucros nas operações e/ou ganhos de capital na alienação/transformação dos negócios) pela assunção, no presente, de riscos de perdas (investimentos, despesas pré-operacionais e perdas de capital na alienação/transformação/extinção dos negócios).

Também com o objetivo de reduzir as incertezas próprias do ambiente empresarial, foi desenvolvida a Ciência da Administração, com foco em aspectos relacionados às atividades de Planejamento, Direção, Coordenação, Operação e Controle.

Neste contexto, o Planejamento apresenta-se como um conjunto de conceitos, métricas e ferramentas voltado para a elaboração de prognósticos sobre as atividades empresariais e suas conseqüências econômicas. Ou seja, o Planejamento apresenta-se como uma ponte entre o momento das decisões (presente) e o momento de seus respectivos efeitos (futuro), voltada à redução das incertezas (e, portanto, dos riscos) e contemplando aspectos tais como: por que, o que, como, quanto, quando e com quem produzir bens e serviços.

Entre os principais instrumentos do Planejamento, consagrado nas melhores práticas da Governança Corporativa, destacam-se o Plano de Negócios (*business plan*) e o Orçamento Corporativo (*corporate budget*). O Plano de Negócios é mais utilizado para o planejamento de investimentos e o Orçamento Corporativo para o planejamento das operações correntes.

Os dois instrumentos preocupam-se em estabelecer, principalmente, controles preditivos, preventivos e até corretivos (nos casos de desvios) para os processos de decisão das empresas, organizando a utilização dos seus fatores de produção (trabalho, capital e recursos naturais) que serão determinantes das performances no âmbito de seus ambientes de concorrência.

Igualmente, ambos os instrumentos preocupam-se em analisar prospectivamente os elementos que afetam o desempenho das empresas, com destaque para: investimentos (no caso do orçamento, o investimento estrutural que garante as operações – CAPEX *capital expenditure*), receitas, custos, despesas, tributos, prazos operacionais (recebimento, estocagem e pagamento), taxas e instrumentos financeiros (aplicação e captação de recursos), tecnologia, distribuição de resultados (colaboradores e empreendedores) e compensações sociais para as comunidades.

Na prática, o Plano de Negócios apresenta-se como uma poderosa ferramenta gerencial, pois, à medida que suporta as decisões de investimento das empresas, de fato, cumpre a função de ser o seu primeiro instrumento de Planejamento (controle preditivo, preventivo e corretivo). Ele contempla aspectos que afetam os interesses de toda a estrutura de Governança Corporativa de uma empresa: os acionistas/quotistas na qualidade de controladores e/ou minoritários, a Diretoria e Gerência, e os demais *stakeholders* representados por fornecedores, clientes, funcionários, associações de classe, credores, sindicatos, opinião pública e governos.

Modelo de Plano de Negócios

Existem muitos modelos para a formulação de um Plano de Negócios, mas nele devem-se contemplar os seguintes itens:

1. Resumo Executivo

O Resumo Executivo é comumente apontado como a principal seção do plano de negócios, pois através dele é que o leitor perceberá se o conteúdo a seguir o interessa ou não e, portanto, se continuará, ou não, a ler o documento. Portanto, é no resumo executivo que o empreendedor deve "conquistar" o leitor.

Nesta seção, o empreendedor apresenta um breve resumo da empresa ou negócio, sua história, área de atuação, foco principal e sua missão. É importante que esteja explícito ao leitor o objetivo do documento (por exemplo: "requisição de financiamento junto a bancos", "capital de risco", "apresentação da empresa para potenciais parceiros ou clientes", "apresentação de projeto para ingresso em uma incubadora" etc.). Devem ser enfatizadas as características únicas do produto ou serviço em questão, seu mercado potencial, seu diferencial tecnológico e competitivo.

Também devem ser apontadas as perspectivas de futuro do negócio, tais como as oportunidades identificadas, o que se

"O Plano de Negócios contempla aspectos que afetam os interesses de toda a estrutura de Governança Corporativa de uma empresa (...)"

pretende fazer para abraçá-las, o que é preciso para tal, por que os empreendedores acreditam que terão sucesso etc.

2. O Produto/Serviço

2.1 Características

Devem-se relacionar aqui as principais características dos produtos e serviços da empresa, para que se destinam, como são produzidos, os recursos utilizados, fatores tecnológicos envolvidos etc. Se a empresa estiver, através do plano de negócio, apresentando um produto ou serviço específico, deve centrar-se nele.

2.2 Diferencial Tecnológico

Relaciona-se neste item o diferencial tecnológico dos produtos e serviços da empresa em relação à concorrência. Para manter-se competitivo é necessário manter-se atualizado quanto às tendências tecnológicas. Unidades de Saúde focadas em investigação diagnóstica ou em terapia intensiva, especialmente, dependem do desenvolvimento contínuo de produtos e serviços que promovam a inovação tecnológica.

2.3 Pesquisa e Desenvolvimento

A empresa deve cultivar um plano de desenvolvimento de novos projetos, produtos e tecnologias, que atendam às demandas futuras do mercado e deve expressar, neste item, quais as suas perspectivas para o futuro. É importante que o empreendedor perceba que todo produto tem um ciclo de vida e que, para manter-se na vanguarda, precisa continuamente estar pesquisando e desenvolvendo novos projetos.

3. O Mercado

3.1 Clientes

Neste item, devem ser descritos quem são os clientes que a unidade de saúde pretende atender, quais são as necessidades destes clientes potenciais e como o produto/serviço poderá atendê-los. É fundamental procurar conhecer o que influencia os futuros clientes na decisão de serviços da nova unidade de saúde: qualidade, preço, corpo clínico, convênio com planos de saúde, facilidade de acesso, forma de atendimento, tecnologia disponível e acreditação, conforto etc.

É importante estar atento ao definir quem é o cliente. O cliente não é apenas quem vai utilizar a unidade de saúde. Cliente é quem vai usar diretamente o serviço, é quem vai ser afetado pelo uso do produto, é quem vai pagar pelo serviço prestado e por aí afora.

O empreendedor deve perceber a complexidade da definição de quem é o seu cliente no setor de Saúde.

"O empreendedor deve perceber a complexidade da definição de quem é o seu cliente (...)"

3.2 Concorrentes

Aqui devem ser relacionados os principais concorrentes, que são as unidades de saúde que oferecem serviços iguais ou semelhantes àqueles que serão colocados no mercado consumidor pelo novo empresário.

Neste ponto, é importante também relacionar quantas unidades de saúde estão oferecendo produtos ou serviços semelhantes, qual o tamanho dessas empresas e, principalmente, em que a empresa nascente se diferencia delas.

Diversas características podem ser focadas nessa análise, tais como: qualidade, preço, corpo clínico, especialidades ofertadas, tecnologia disponíveis, qualidade no atendimento, certificação de qualidade, facilidade de acesso e o nível de satisfação em relação aos serviços disponíveis.

Neste item, é importante que o empreendedor perceba que não pode se limitar a identificar apenas o concorrente atual; precisa estar atento aos concorrentes potenciais. Ou seja, se o mercado em questão é um mercado extremamente atraente, que não impõe muitas barreiras a novos empreendedores, certamente outras empresas irão em breve se instalar. Quando um negócio é "quente", muitos correm em direção a ele; neste caso, a concorrência, que num determinado momento é pequena, em outro, poderá ser bem maior.

Outro ponto a ser considerado é o produto substituto. O empreendedor não deve se prender apenas a empresas que desenvolvem produtos e serviços iguais aos seus. Deve estar atento a tudo o que acontece em sua volta, porque produtos, serviços e tecnologias que aparentemente não constituem uma ameaça, podem vir a substituir o seu produto ou a tornar seu negócio obsoleto.

"(...) especialmente na área tecnológica, o concorrente pode estar em qualquer lugar do globo terrestre."

Cabe mencionar ainda a relevância de que a análise da concorrência não deve se restringir ao ambiente local e regional; especialmente na área tecnológica, o concorrente pode estar em qualquer lugar do globo terrestre.

3.3 Fornecedores

Os fornecedores são as pessoas ou organizações que suprem a empresa de equipamentos, matéria-prima, mercadorias e outros materiais necessários ao seu funcionamento. Na escolha dos fornecedores, devem-se considerar a qualidade, quantidade, preço, prazo e forma de pagamento e de entrega, garantia e assistência técnica de equipamentos, e outras informações úteis, dependendo das mercadorias ou serviços que serão oferecidos.

3.4 Participação no Mercado

Identifica-se, neste item, a fatia de mercado da empresa, dentre os principais concorrentes. Mostram-se a situação atual da empresa, a performance da empresa e qual a sua participação no mercado. Para que o empreendedor possa planejar a participação desejada, deve, neste item, realizar uma pesquisa de mercado (investigar informações como tamanho atual do mercado, quanto está crescendo ao ano, quanto está crescendo a participação de cada concorrente, nichos pouco explorados pelos concorrentes etc).

4. Capacidade Empresarial

4.1 Empresa

4.1.1 Definição da Empresa

Neste item, devem-se descrever a empresa, o seu histórico, área de atuação, crescimento, faturamento dos últimos anos, sua razão social, estrutura legal, composição societária etc. Evidentemente, aqueles empreendedores que estiverem iniciando sua empresa a partir deste plano de negócios não terão muito sobre o que explanar neste item, além da composição societária da empresa e a área de atuação.

> "A missão (...) corresponde a uma imagem/filosofia que guia a empresa."

4.1.2 Missão

A missão da empresa deve refletir a razão de ser da empresa, qual o seu propósito e o que a empresa faz; corresponde a uma imagem/filosofia que guia a empresa.

4.1.3 Estrutura Organizacional

Demonstrar como a empresa será estruturada/organizada (por exemplo, área comercial, administrativa, técnica etc.), relacionando a área de competência de cada sócio nesta estrutura e suas atribuições.

4.1.4 Parceiros

É importante que o empreendedor perceba que sua empresa não pode estar sozinha. Ela precisa de parceiros para se viabilizar e crescer. Neste item, são identificados os parceiros do negócio, a natureza da parceria e como cada um deles contribui para o produto/serviço em questão e para o negócio como um todo.

4.2 Empreendedores

4.2.1 Perfil Individual dos Sócios (Formação/Qualificações)

Elabora-se um breve resumo que contemple a formação, as qualificações, as habilidades e a experiência profissional dos sócios. O sucesso de uma empresa pode ser determinado pela capacidade dos donos do negócio e pela quantidade de tempo que serão capazes de dedicar a este negócio.

5. Estratégia de Negócio

Neste item, o empreendedor deve despertar para o fato de que, para que sua empresa obtenha êxito, não basta ter um bom serviço. É preciso ter um negócio. Produtos não geram receita por si só, negócios geram receita. E para que se tenha um negócio, é preciso ter uma estratégia e uma estrutura que permitam posicionar o produto em seu mercado. É comum empresas que possuem um bom produto "morrerem" porque não conseguiram encontrar uma maneira de posicionar este produto no mercado.

> "(...) é preciso ter uma estratégia e uma estrutura que permitam posicionar o produto em seu mercado."

Alguns exemplos para ilustrar este conceito: não basta uma empresa ter um serviço tecnologicamente revolucionário, se o preço dele está acima do que o seu cliente pode pagar; não basta ter um produto "quentíssimo", que pode gerar receita a curto prazo para a empresa, se os empreendedores não identificaram outros espaços no mercado para explorar. Depois que este período inicial estiver esgotado (uma empresa não nasce para viver por apenas dois ou três anos – deve ter perspectiva de vida indeterminada e crescer continuamente), não adianta uma empresa ter o produto ideal para o seu cliente, se não for encontrada uma maneira viável de fazê-lo chegar até ele; não adianta ter um serviço interessante mas sem diferencial, que qualquer empresa possa fazer igual, sem dificuldade, e assim por diante.

Portanto, o empreendedor deverá planejar seu negócio. A partir da análise já feita nos itens anteriores, deve identificar as oportunidades e as ameaças que o ambiente apresenta, identificar os pontos fortes e fracos de sua empresa, definir objetivos a alcançar, identificar estratégias que permitirão atingir esses objetivos e encontrar maneiras de colocar essas estratégias na prática.

5.1 Ameaças e Oportunidades

Com base no que pesquisou e escreveu até o momento, e evidentemente com base em tudo o que sabe sobre o seu negócio, o empreendedor deve ter identificado um conjunto de oportunidades que poderá explorar para crescer e ter sucesso, bem como um conjunto de ameaças, que deverá administrar adequadamente para resguardar sua empresa do fracasso.

Vale ressaltar aqui que oportunidades não identificadas, ou não aproveitadas devidamente, podem se transformar em ameaças. E ameaças bem administradas podem ser transformadas em oportunidades. Portanto, este item merece atenção especial do empreendedor que está planejando seu negócio.

Na identificação das ameaças e oportunidades, o empreendedor deve olhar para fora de sua empresa e buscar os mais diversos aspectos que podem afetar o seu negócio: concorrentes, mercado consumidor, legislação, tecnologia etc.

5.2 Pontos Fortes e Fracos

Neste item, o empreendedor deve olhar para dentro de sua empresa – disponibilidade de recursos, disponibilidade de pessoal, qualificação do pessoal, rede de parcerias etc. Quais são os pontos fortes e os pontos fracos desta estrutura interna?

5.3 Objetivos

De maneira bem sucinta, o que a empresa quer conquistar? É isto que este item deve esclarecer. Os objetivos da empresa devem ser definidos de maneira quantitativa, passível de mensuração. Por exemplo: qual a participação de mercado pretendida pela empresa? Quanto quer faturar? Em quanto tempo? Quanto quer crescer ao ano? E assim por diante.

5.4 Estratégias

Levando em consideração as ameaças e oportunidades que já identificou em seu ambiente de negócio e os pontos fortes e fracos que detectou internamente na sua empresa, o empreendedor deverá identificar e definir as estratégias, ou seja, os caminhos que irá trilhar para chegar aos objetivos propostos. As estratégias afetam a empresa como um todo e definem sua postura perante o mercado. Estão relacionadas ao longo prazo.

É em função das estratégias aqui definidas que serão elaborados os planos operacionais (sugeridos nos itens a seguir). Os planos detalham, sob a ótica operacional, a estratégia; definem como traduzi-la em ações e implementá-la. Estão relacionados com o curto prazo. Alguns aspectos sobre os quais o empreendedor deverá refletir ao definir as estratégias são:

- Os investimentos para a implantação e o crescimento da empresa serão feitos com recursos próprios ou será buscado recurso externo? No caso de recursos externos, que tipo de recurso o empreendedor vislumbra obter?
- Que parcerias serão estabelecidas para a decolagem do negócio?
- Qual segmento do mercado será explorado (a empresa irá se posicionar inicialmente frente a um determinado público identificado ou atacará em diversas frentes)?
- A empresa irá se diferenciar de seu concorrente em função de preço ou qualidade?
- Outras questões que correspondam a fatores críticos para o sucesso do negócio em questão, segundo a percepção do empreendedor. Aqui ele tem a oportunidade de mostrar sua "visão" do negócio.

6. Plano de Marketing

O Plano de Marketing apresenta como o empreendedor pretende vender seu produto/serviço e conquistar seus clientes, manter o interesse dos mesmos e aumentar a demanda, sempre de acordo com a estratégia definida anteriormente acerca do posicionamento da empresa no mercado. Deve abordar seus métodos de comercialização, diferenciais do produto/serviço para o cliente, política de preços, projeção de vendas, canais de distribuição e estratégias de promoção/comunicação e publicidade.

Desta forma, as seguintes questões devem estar respondidas em seu Plano de Negócios:

- descrição do negócio;
- que tipo de negócio você está planejando;
- que produtos ou serviços você vai oferecer;
- por que o seu produto ou serviço vai ter êxito;
- quais são as suas oportunidades de crescimento;
- plano de marketing;
- quem são os seus clientes potenciais;
- como atrairá os clientes e se manterá no mercado;
- quem são os seus concorrentes;
- como eles estão prosperando;
- como vai promover as suas vendas;
- quem serão os seus fornecedores;
- qual será o sistema de distribuição utilizado para o seu produto/serviço;
- qual imagem sua empresa vai transmitir aos clientes;
- como você vai desenvolver o *design* de seu produto;
- plano organizacional;
- quem administrará o negócio;
- que qualificações deverá ter a gerência;
- quantos empregados precisará e quais as suas funções;
- como serão administradas as finanças corporativas;
- quais são os consultores ou especialistas necessários;
- que legislações ou movimentos de ONGs poderão afetar o seu negócio.

7. Plano Financeiro

No plano financeiro, apresentam-se, em números, todas as ações planejadas para a empresa. Algumas perguntas-chave que o empreendedor deverá responder neste item são: quanto será necessário para iniciar o negócio, existe disponibilidade de recursos para isto, de onde virão os recursos para o crescimento do negócio, qual o mínimo de vendas necessário para que o negócio seja viável, se o volume de vendas que a empresa espera atingir torna o negócio atrativo, se a lucratividade que a empresa conseguirá obter é atrativa.

7.1 Investimento Inicial

Especificam-se neste item os custos com as instalações, os suprimentos, os equipamentos e o mobiliário necessários para a implantação do negócio. Essas especificações ajudarão no levantamento do investimento fixo – ativo permanente – necessário para a implantação da empresa. Mesmo que a empresa esteja instalada (ou pretenda se instalar) numa incubadora, que comumente oferece parte desta estrutura inicial, esses valores devem ser considerados.

7.2 Receitas

O empreendedor já definiu a projeção das suas vendas esperadas para o horizonte de cinco anos. Com esses dados em mãos, juntamente com a determinação do preço a ser praticado pelo seu produto ou serviço, poderá visualizar suas vendas em termos de valores, os quais denominamos "receitas".

7.3 Custos e Despesas

Neste item, deverão ser levantados todos os valores que serão despendidos para a produção do produto/serviço que a empresa está se propondo. Deverão ser levantados tanto os custos de produção quanto as despesas relativas ao suporte à produção, à administração, vendas etc.

Por questões de simplificação, adotaremos a nomenclatura de despesas para todos os custos e despesas incorridos pela empresa. Essas despesas poderão ser denominadas de fixas ou variáveis. A diferenciação entre ambas é a sua relação direta com o volume de produção/vendas ou não, isto é, as despesas variáveis irão sofrer acréscimos (ou decréscimos) proporcionalmente ao aumento (redução) do volume produzido/vendido, enquanto as fixas poderão ter aumentos também, mas não diretamente proporcionais à produção/vendas.

7.4 Fluxo de Caixa

O fluxo de caixa é um instrumento que tem como objetivo básico a projeção das entradas (receitas) e saídas (custos, despesas e investimentos) de recursos financeiros por um determinado período de tempo.

Com o fluxo de caixa, o empreendedor terá condições de identificar se haverá excedentes ou escassez de caixa durante o período em questão, de modo que este constitui um importante instrumento de apoio ao planejamento da empresa (especialmente na determinação de objetivos e estratégias). Evidentemente não haverá condições de se executar um plano sem disponibilidade financeira para tal.

A partir das informações levantadas nos itens anteriores, juntamente com investimentos adicionais que porventura venham a ser feitos e retirando-se itens não-monetários (quando não existe o efetivo pagamento da despesa, é somente um valor contábil. Por exemplo, depreciação), o fluxo de caixa pode ser montado.

7.5 Demonstrativo de Resultados/Lucratividade Prevista

Com base nos valores já identificados, relativos às entradas e saídas da empresa, o empreendedor poderá utilizar a planilha "Demonstrativo de Resultados" para chegar à lucratividade de seu negócio. A partir disso, terá condições de apurar informações cruciais como o retorno que terá sobre o capital investido na empresa e o prazo de retorno sobre o investimento inicial. Isto é fundamental para que se avalie o grau de atratividade do empreendimento. Por exemplo: você investiria anos de sua vida num negócio que não pode lhe oferecer retorno melhor que uma aplicação financeira de baixo risco?

> "(...) você investiria anos de sua vida num negócio que não pode lhe oferecer retorno melhor que uma aplicação financeira de baixo risco?"

7.6 Ponto de Equilíbrio

O cálculo do ponto de equilíbrio ajuda o empreendedor a encontrar qual o nível de vendas em que a receita será igual a todas as saídas de caixa da empresa. Isto é importante porque indica qual o nível mínimo de vendas que a empresa deverá manter para que não opere com prejuízo. De uma forma simplificada poderemos identificar o Ponto de Equilíbrio (PE) através da seguinte fórmula: Receitas = Despesas Fixas e Variáveis.

7.7 Balanço Patrimonial

No caso de empresas já constituídas, é conveniente apresentar o balanço patrimonial, que possibilita a visualização das disponibilidades e obrigações de curto e longo prazos da empresa e, assim, uma avaliação da sua solidez.

Resumidamente, deverá constar de seu Plano Financeiro:

- qual a renda total estimada para o seu negócio no primeiro ano;
- quanto lhe custará para abrir o negócio e mantê-lo durante 18 meses de operação;
- qual será o fluxo de caixa mensal durante o primeiro ano;
- que volume de vendas será necessário para obter lucros durante os primeiros três anos;
- qual será o valor do capital em equipamentos;
- quais serão as suas necessidades financeiras totais;
- como estará assegurado o pagamento dos custos fixos;
- quais serão as fontes financeiras potenciais;
- como será utilizado o dinheiro de empréstimo ou de investidores;
- como os recursos estão assegurados.

No Setor de Saúde

Em se tratando de empreendimentos relacionados a serviços em saúde, algumas questões mais específicas deverão ser abordadas no Plano de Negócios:

- Administração de serviços em saúde – especificidade do serviço e sua contribuição para estratégia e definição de serviços. Avaliação quanto à terceirização / quarteirização. Contratação de serviços. Cooperativas de trabalho. Equilíbrio custo/ benefício. Indicadores de desempenho para serviços. O diferencial da capacitação-educação e pesquisa em instituições de saúde. Protocolos Clínicos na Administração de Serviços. Educação Corporativa.

- Aspectos jurídicos em saúde – a saúde na Constituição. Responsabilidade civil em saúde. Reflexos jurídicos da evolução tecnológica do setor. Flexibilização dos contratos de trabalho. Regulação do setor privado de prestação de serviço de saúde. Direito do consumidor. Direitos básicos do consumidor.

- Gestão de custos aplicada à saúde. O objetivo dos sistemas de custeamento. Planejamento e controle de custos. Tipos de custos existentes nas empresas de saúde: fixos e variáveis, diretos e indiretos. Métodos tradicionais de custeio: por absorção, direto, padrão. Métodos avançados de apuração de custos: custeio baseado em atividades (ABC). Tomada de decisão e a eficácia na solução de problemas.

- Gestão de pessoas em saúde – organização, processos de trabalho e comportamento humano em ambiente de permanente mutação. Configuração organizacional em saúde. Práticas contemporâneas de recrutamento e seleção, cargos e remuneração. Gerenciamento de desempenho de pessoal em saúde. Indicadores administrativos de mudança para uma organização de aprendizagem. Negociação e conflitos.

- Planejamento e gestão estratégica em saúde – possibilidades do planejamento como instrumento de mudança organizacional. Planejamento e gestão estratégica. Produtos/serviços e clientes. Visão estratégica do negócio. Missão institucional. Filosofias empresariais. Cenários. Análise dos ambientes externo e interno. Matriz oportunidades x ameaças. Vantagens competitivas. Visão de futuro. Estratégias competitivas. Parâmetros de avaliação.

- Plano de marketing em organizações de saúde – as principais variáveis de análise em marketing. Avaliação do macroambiente. Administração de marketing e suas principais ferramentas. Segmentação e concorrência. Canais de distribuição. Pesquisa em marketing. Estabelecimento do plano de ação em marketing. As ações táticas-operacionais. Controle das atividades.

- Responsabilidade social e ética em saúde – o papel da responsabilidade social, da ética e dos valores pessoais-profissionais para o sucesso das organizações de saúde. Código de ética como reflexo da cultura organizacional. A relação entre responsabilidade social e ética. Efetividade organizacional e responsabilidade social. Avaliação da cidadania corporativa-balanço social. Políticas de parceria público-privada.

- Sistemas de informações gerenciais em saúde – conceito de SIG aplicado à saúde. Projeto lógico. Arquitetura de *hardware* e de *software*. Projeto físico. Ciclo da vida útil de um SIG. Sistemas hospitalares. Sistemas administrativos. Sistema de pacientes. Sistema de assistência médica. Custos que envolvem SIG em saúde. Implantação de SIG em organizações e sistemas de saúde. Fluxo de comunicação.

- Auditoria em saúde – conceitos básicos de auditoria em saúde. Avaliação dos controles internos. Auditoria contábil e financeira. Auditoria dos sistemas de informação. Auditoria do sistema orçamentário. Auditoria operacional dos processos de saúde. Auditoria em unidades assistenciais. Auditoria de qualidade dos serviços. Relatórios de auditoria em saúde.

- Logística de suprimentos em saúde – abordagem sistêmica da logística de suprimentos em saúde. Classificação de materiais e medicamentos. Gerência de estoques. O ciclo produtivo de materiais e medicamentos. Aquisição de materiais e medicamentos. Movimentação de estoques. Requisitos para ser um fornecedor. Plano de qualificação de fornecedores em saúde.

- Sistemas de saúde no Brasil – características de sistemas de saúde. Direito do usuário. Planejamento de sistemas públicos. Sistemas de incentivos orientados à oferta. Redes de atenção primária, de atenção a urgências, de atenção especializada e de hospitalizações. Redes complementares: atenção farmacêutica, vigilância em saúde, reabilitação e apoio diagnóstico. Estratégias de promoção da saúde. Qualidade de vida e saúde. Produtos em saúde pública – impacto populacional e atenção individual. Saúde pública baseada em evidências. As doenças emergentes e o contexto da saúde global – nacional e internacional.

- Sistemas integrados de operadoras de saúde – evolução dos planos privados de saúde no Brasil. Características e objetivos básicos das operadoras de saúde. Gestão técnica. Gestão comercial. Gestão de sinistros ou de custos com assistência médica. Gestão administrativa e financeira. Gestão tecnológica e da informação. Gestão jurídica. Tendências na área da saúde privada – oportunidades e ameaças.

- Sistemas de garantia da qualidade e acreditação em saúde – o sistema brasileiro de certificação de serviços de saúde e suas relações. O sistema de acreditação em saúde e a série ISO. A organização de saúde e o ciclo de qualidade de serviço. Gerenciamento do sistema de garantia da qualidade. Auditoria interna da qualidade em saúde.

- Modelos de gestão em saúde – modelos de gestão assistencial. Gestão assistencial baseada no processo do paciente. Sistematização da gestão multiprofissional em saúde. Cliente como agente do processo. Assistência integral. Protocolos assistenciais. Elaboração e gestão de protocolos. Indicadores e avaliação de desempenho assistencial. Hemovigilância, farmacovigilância e tecnovigilância. Eventos adversos.

Portanto, o primeiro objetivo de qualquer Plano de Negócios deve ser o de ajudar o próprio empreendedor a analisar com cuidado a viabilidade do seu projeto, a pensar a melhor estrutura de seu futuro negócio. Ao organizar suas idéias de maneira formal, o empreendedor passa a ter uma visão de conjunto do projeto e consegue evitar o entusiasmo exagerado, a parcialidade que muitas vezes o leva a uma tomada de decisão equivocada, com graves conseqüências para o futuro da organização.

No caso de uma organização já constituída e que se deseja expandir, o Plano de Negócio ajuda o empresário a entender a situação da empresa, ou seja, como ela se situa em termos de participação de mercado, nível de incorporação tecnológica, situação financeira, jurídica, societária, tributária etc. É através dele que podem ser identificadas áreas que precisam de melhoria na qualidade da gestão.

Uma vez que o empreendedor tenha uma idéia mais clara das necessidades, tanto operacionais quanto financeiras, para implantar o seu projeto, ele está preparado para estabelecer metas realistas em relação ao ponto em que pretende chegar, tanto em termos de resultados quanto de participação de mercado. Isso ocorre porque o empreendedor consegue, então, estimar o quanto será necessário investir, seja em tempo ou recursos financeiros, para alcançar o seu objetivo.

No Plano de Negócios, o empreendedor será forçado a realizar exercícios que demonstrem matematicamente se as suas suposições estão corretas, se a sua intuição – muito importante em qualquer negócio de sucesso – é válida e se, portanto, podem ajudar a alavancar recursos financeiros para o seu novo empreendimento.

Somente assim o empreendedor e seus eventuais parceiros poderão avaliar se é interessante, ou não, prosseguir com o projeto. Em alguns casos, ainda que ele opte por não abandonar o projeto, pode adiar o seu início, na tentativa de acumular mais recursos (próprios ou de terceiros) para garantir o sucesso de sua proposta estratégica.

Fica fácil entender, portanto, que o Plano de Negócios tem a finalidade de ajudar o empreendedor a convencer outras pessoas ou instituições a seguir em frente com ele, pois se você não estiver totalmente convencido de que suas premissas são verdadeiras, então será ainda mais difícil convencer um potencial sócio e a possibilidade de fracasso será muito grande.

É no Plano de Negócios que o empreendedor deve gastar o seu maior tempo e a sua maior energia. Somente com ele bem estruturado e com todas as premissas e cenários pensados exaustivamente, o empreendedor deve iniciar o seu vôo. Com uma rota bem definida, habilidades necessárias identificadas, recursos financeiros pensados e planejamento feito, a maioria dos pousos é segura, restando apenas um pouco de intuição, sempre necessária, para a correta tomada de decisão.

TEMA EM DEBATE

Análise da Estrutura de Negócios

Participaram das entrevistas para a discussão deste tema*:

– **Alfredo Cardoso**, diretor de Normas e Habilitação das Operadoras da Agência Nacional de Saúde Suplementar.

– **Gisele Couto**, médica doutoranda em Saúde Pública e atualmente Gerente do Centro de Educação em Saúde do SENAC-Rio.

– **João Alceu Amoroso Lima**, atualmente vice-presidente da Sul América Saúde.

– **Jorge Moll**, diretor da Rede D´Or.

– **José Antônio Lima**, diretor do Hospital Samaritano de São Paulo.

Não é de hoje que o setor de Saúde percebeu ter um grande desafio pela frente: crescer, prestando bons serviços ao publico, conseguindo fazer mais – e sempre melhor – com menores custos. Muitos esforços têm sido realizados para desenvolver boas práticas de gestão focadas em resultados. Nesse ponto, procuramos saber de especialistas em saúde como analisam a estrutura de negócios, item importantíssimo na composição dessa equação.

Questões como a valorização de recursos humanos, o debate sobre competência, de que forma os resultados financei-

---

* As entrevistas para a produção deste capítulo foram realizadas entre outubro de 2006 e fevereiro de 2007. Portanto, os cargos, instituições e empresas citadas referem-se àquele período.

ros são avaliados na decisão de um novo negócio e, ainda, qual deve ser a prioridade em uma nova unidade – funcionalidade ou boa aparência – foram avaliadas em depoimentos que fomos buscar com esses especialistas.

O atual diretor de Normas e Habilitação das Operadoras da Agência Nacional de Saúde Suplementar, Alfredo Cardoso, uma das principais autoridades na área, ressalta os relevantes avanços que o setor – tanto a administração pública quanto a privada – tem registrado nos últimos anos. Na saúde pública, ele cita como exemplo a melhoria nos indicadores sociais a partir de uma ação muito bem coordenada no combate à mortalidade infantil, as campanhas de vacinação e o trabalho de prevenção e combate à AIDS, tornando o Brasil uma referência. "A população em geral valoriza pouco, mas esses avanços são importantes e merecem ser exaltados", disse.

Isso não significa que o nível atual seja satisfatório de forma homogênea na saúde publica. "O maior desafio é como tornar essas boas práticas acessíveis a todos os cidadãos e como operacionalizar essa proposta ideológica com as restrições orçamentárias. Sem falar que precisamos lidar com o crescimento, convivendo com os dramas de doenças infectocontagiosas típicas do Terceiro Mundo", acrescenta Cardoso. Como os recursos do Orçamento da União são finitos, é crucial cuidar da gestão, fazendo mais com menos.

– O Brasil tem exemplos louváveis na gestão de saúde pública em alguns centros de excelência, como o INCA, o INCOR e o Hospital de Câncer de Barretos – elogia Cardoso.

No caso da saúde privada, um processo relevante também chama a atenção do diretor da ANS: a busca pela maior profissionalização, com os prestadores especializando-se cada vez mais, estudando, fazendo cursos, MBAs etc. Esse fenômeno é percebido em centros especializados, como o COPPEAD, a Fundação Getúlio Vargas, o Centro de Educação em Saúde do SENAC e outros.

Gisele Couto, médica doutoranda em Saúde Pública e atualmente gerente do Centro de Educação em Saúde do SENAC-Rio, confirma essa grande incorporação de novos conhecimentos: "Nos últimos anos, a Medicina mudou muito e ainda não chegamos à melhor forma de administração em saúde".

Mas administrar uma unidade de saúde não é tarefa fácil. Um dos maiores gurus da administração de empresas, Peter Drucker, já frisou a dificuldade da administração de um hospital geral diante da diversidade de pessoas, profissionais com diferentes habilidades, sem falar que esses profissionais têm regulamentação muito rígida. "São várias empresas dentro de uma só: assim, o laboratório é um negócio, a radiologia é outro e assim por diante. O administrador precisa ter conhecimento e talento para reger esta grande orquestra, digamos assim", explica Gisele.

É interessante lembrar a história do setor de saúde privada no Brasil, para entender ainda melhor o atual estágio da gestão, já que muitos hospitais são instituições filantrópicas e beneméritas (sem fins lucrativos) e outros nasceram sob o controle de famílias, até se tornarem grandes grupos como se apresentam hoje.

O diretor do Hospital Samaritano de São Paulo, José Antônio Lima, destaca que o conceito de saúde como negócio é bem recente e que, antes, só havia obrigações. "Após o Plano Real, o foco passou a ser a eficácia e a eficiência." Ainda há, numa visão errônea, quem acredite que a saúde – por estar voltada para o bem-estar de pessoas e por ter que lidar de forma tão especial com suas vidas – não deveria ter a preocupação com resultados financeiros e administrativos ou, mesmo estando no segmento privado, não deva ser um negócio lucrativo. Os especialistas consultados, no entanto, advertem que saúde precisa, é claro, ter todas as atenções voltadas para os clientes, mas que tanto o setor privado quanto o público precisam medir o que fazem e controlar seus resultados, pois, afinal, a população, no setor público, e os investidores, no setor privado, alocam recursos e o resultado da gestão necessita ser medido.

– Houve um longo processo de aprendizagem. Alguns dogmas caíram. Antigamente, no setor privado, tudo era baseado na confiança entre o comprador de serviços e o prestador de serviços. Hoje, o setor de Saúde baseia-se em melhores práticas de administração, tanto para estoques quanto para compras, serviços e todo o restante. O que é melhor: esse padrão tem sido seguido não só por hospitais e instituições privadas, como também pelos órgãos públicos – afirma Alfredo Cardoso.

O diretor da ANS frisa que, como não há recurso orçamentário para tocar tudo, torna-se imperativo realizar a boa administração. E faz uma análise muito interessante sobre o papel do médico – e sua ética – diante da gestão e dos resultados: "O médico não se relaciona com essa relação custo/benefício porque a morte é fato tão grave que, para ser evitada, justifica qualquer custo. A ética do médico é esta. Mas a boa prática de administração fala em resultados. A Medicina deve buscar as melhores práticas. O bom desempenho de um sistema passa também por dados estatísticos", ressalta Cardoso.

Os clientes têm sido os maiores beneficiados por todo esse processo evolutivo registrado ao longo dos últimos anos. Com a redução de gastos, é possível facilitar o acesso para um número maior de pessoas, reduzindo os preços. Assim, o setor de saúde suplementar mergulhou no Planejamento Estratégico e passou a incorporar no dia-a-dia esses conceitos. Um pouco mais à frente, foi o processo de acreditação que trouxe novos paradigmas, estabelecendo regras de se medir o que fazia e buscar resultados baseados em indicadores clínicos, administrativos, econômicos etc., ajudando dessa forma a entender melhor o setor, aperfeiçoando processos e fazendo que novos produtos e serviços surgissem. O método da acreditação como ferramenta de qualidade é uma importante conquista do setor.

"O método da acreditação como ferramenta de qualidade é uma importante conquista do setor."

– Precisamos sempre inovar e atender melhor. Aqui, no Hospital Samaritano de São Paulo, por exemplo, a partir de um melhor controle de nossos processos e resultados, criamos pacotes de cirurgias, diárias globais e outras inovações – relata José Antônio Lima.

Dessa forma, já faz parte do passado a gestão por achismos, sem qualquer previsibilidade ou estratégia. Não há mais dúvida sobre como os conceitos da boa Governança Corporativa são essenciais e devem ser constantemente aprimorados.

"Qualquer negócio privado que envolva consumidores precisa de um processo azeitado e ajustado. E saúde não pode ser diferente", frisa João Alceu Amoroso Lima, atualmente vice-presidente da Sul América Saúde. No caso desse grupo, há um processo contínuo de melhorias de suas práticas de Governança Corporativa, estimulado e acelerado pelas parcerias com a AETNA e o Grupo ING. "Estes processos existem para aumentar a previsibilidade e para garantir a busca contínua por melhores práticas. Os maiores beneficiados são os clientes", complementa João Alceu.

Cardoso, da ANS, também observa que a saúde suplementar nasce de um desejo da sociedade que almeja uma qualidade da Medicina cada vez maior, baseada em duas questões básicas: a qualidade assistencial deve ser melhor – ela é percebida e não é um objetivo – e também as contribuições espontâneas. "As operadoras recebem antes e pagam depois. Por isso é tão importante a constituição de reservas para cobrir fundos e garantir que todos os consumidores sejam assistidos. E é bom lembrar também do princípio do mutualismo, com um pouco para todos", diz Cardoso.

A ANS, explica seu diretor, trabalha em duas vertentes: para ter indicadores financeiros e atender melhor os usuários da rede privada de saúde e enxergar os planos por dentro para que todos tenham bons indicadores financeiros e de assistência. O plano assistencial só saiu em 2004. Os indicadores de performance integram um programa de médio a longo prazo. Do ponto de vista econômico e financeiro, há melhoria na liquidez das empresas, relata Cardoso. "Algumas filantrópicas ainda têm problemas, mas todos os outros têm boa liquidez", assegura Cardoso, prevendo que, no médio a longo prazo, 80% do mercado estarão com suas provisões regulamentadas. Ele destaca ainda que o processo de acreditação das operadoras deverá ser o próximo passo. Isto tenderá a melhorar os processos e tornar a qualidade mais percebida.

Outro fator que pode ajudar a apressar ainda mais esse processo de profissionalização do setor é a presença maior de estrangeiros e de novos investidores de outros setores que estão desembarcando. "Os números não eram todos auditados, nem inteiramente confiáveis. Mas a ação da Governança Corporativa está aumentando e, como as empresas brasileiras têm bons atrativos, grandes investidores estão de olhos abertos para oportunidades em nosso mercado", diz Cardoso.

Ele cita como exemplo algumas emissões de ações com abertura de capital (IPOs) muito bem-sucedidas. O da Medial – lembra o diretor da ANS – teve quatro vezes maior procura do que a oferta. São investidores tradicionais de saúde, fundos de pensão americanos e europeus que desejam diversificar e buscar novos portfólios. "A gestão de informação é a mais importante para esta discussão."

Novos Investimentos e Planejamento Estratégico

Como deve ser analisado, do ponto de vista de investimento financeiro, um novo negócio? Que indicadores são utilizados para aferir os resultados desse investimento?

No caso da Sul América Saúde, nenhum novo projeto que envolva injeção de capital é autorizado sem uma análise detalhada. "Avaliamos a conjuntura, o tempo de maturação, os prazos etc. Sabemos que alguns projetos vão melhorar os nossos processos; outros vão ajudar o controle e ainda há os que servirão para melhorar ainda mais a nossa imagem. Avaliamos cada projeto de acordo com o foco e os objetivos pretendidos. Fizemos, por exemplo, um investimento muito grande em controle antifraude", explica João Alceu Amoroso Lima.

Para analisar o retorno financeiro, o principal conceito utilizado é a chamada Taxa Interna de Retorno (TIR). A Sul América Saúde avalia que o retorno deva vir no máximo em cinco anos, com fluxo de caixa e considerando conceitos de depreciação, inflação etc.

> "Avaliamos cada projeto de acordo com o foco e os objetivos pretendidos."

João Alceu ressalta, no entanto, que apesar de essa não ser uma ciência exata, é possível comparar investimentos que serão feitos com outros já realizados e monitorar o fluxo e os retornos. "Esse é um bom instrumento de gestão", sugere.

No Hospital Samaritano de São Paulo, é utilizado o conceito de receita bruta faturada. "Depois de descontarmos todo o fluxo de impostos e pagamentos, avaliamos quanto sobra para cobrir os custos fixos. Quanto aos novos negócios, fazemos antes de qualquer coisa uma severa avaliação para ver se o retorno do investimento compensa e se é possível fazer naquele momento", explica o diretor do hospital, José Antônio Lima.

A instituição benemérita, sem fins lucrativos, de 113 anos de história, passou a focar especialmente no processo de acreditação e hospitalar. "No nosso caso, fomos pioneiros na conceituação de novos negócios. Essa foi uma grande ferramenta que nos ajudou a entender melhor o setor, os novos produtos do Hospital. Adotamos um novo modelo financeiro e de controladoria, com o reforço de investimento", conta Lima.

Outro especialista cujo depoimento fomos buscar para este debate é Jorge Moll, diretor da Rede D´Or, que conta que a rede começou a atuar com a parte de imagem e patologia clínica até rumar para hospitais. Moll confessa que o processo de planejamento veio aos poucos. "O primeiro hospital que fizemos, confesso que quase às cegas, foi o Barra D´Or. Depois concluímos que dava para administrar aquela estrutura da forma correta, com tabelas e tudo o mais. Só que, no início, não fizemos um planejamento ortodoxo. Apenas depois, com os outros investimentos, é que começamos a fazer o planejamento desde o início."

Com o tempo, os administradores do grupo perceberam que o público tem necessidades específicas. A partir dessa constatação, passaram a criar hospitais de menor complexidade, como o de Campo Grande (Zona Oeste da cidade do Rio de Janeiro).

Moll explica que o grupo baseia sua gestão não só no resultado financeiro, mas principalmente na experiência acumulada ao longo dos anos. "Senão, opera-se no prejuízo mesmo. O resultado esperado tem que ser atingido, mas é interessante notar que esse ramo de Saúde precisa ser muito bem administrado porque as margens são apertadas e os resultados, limitados."

O exemplo da Rede D´Or é emblemático. O administrador de saúde deve realmente traçar um planejamento estratégico consistente na hora de definir um novo investimento ou de tomar alguma importante decisão para o futuro da instituição para a qual trabalha. Com a experiência acumulada ao longo dos anos, Gisele Couto, que atualmente é gerente do Centro de Educação em Saúde do SENAC-Rio, observa que é essencial avaliar as tendências do mercado e examinar os indicadores demográficos para escolher o local de instalação (no caso de um novo negócio a ser lançado na região) e também examinar a concorrência próxima. Sem um planejamento bem estruturado, os riscos são ainda muito maiores e o projeto pode, simplesmente, naufragar.

– Não me parece muito inteligente montar uma clínica pediátrica, por exemplo, no mesmo quarteirão de outra idêntica. Mas pode haver mercado para um negócio na outra ponta, digamos assim. Quem examinar os indicadores demográficos de uma região e o perfil da população perceberá que há um envelhecimento da população com crescimento de doenças crônicas e degenerativas e de maior complexidade. A crise hipertensiva é tratada hoje de forma totalmente diferente de vinte anos atrás. Assim, no lugar da clínica pediátrica, pode surgir uma especializada em geriatria ou cardiopatias.

O conceito da estratégia do oceano azul, dos autores W. Chan Kim e Renne Mauborgne – segundo o qual é possível nadar sozinho –, também deve ser lembrado, sugere Gisele Couto. Ela recomenda a busca de um produto novo, um serviço ainda não prestado. "No lugar de ser mais um, é preciso apresentar diferencial. Este é, sem dúvida, um ponto importantíssimo."

A gerente do Centro de Educação em Saúde do SENAC-Rio frisa que há vários indicadores a serem acompanhados: os financeiros, os de qualidade, além dos resultados dos tratamentos no médio e longo prazos. Gisele recomenda ainda um trabalho de acompanhamento dos pacientes: no início, há aumento de gastos, mas depois é possível notar a redução.

E qual é a melhor decisão na hora de construir um novo prédio: a funcionalidade ou a aparência? Os especialistas são unânimes ao afirmar que não adianta pensar apenas em um hospital luxuoso e belo, sem qualquer funcionalidade, apesar de ressaltarem que o aspecto de assepsia em um ambiente *clean* combina muito com o novo visual do hospital do futuro.

O Hospital Samaritano de São Paulo, por exemplo, foi crescendo aos poucos desde 1894, sendo que incorporou alguns prédios e construiu outros, em partes. Assim, admite seu diretor José Antônio Lima, houve alguma perda de eficiência, mas a preocupação foi encontrar a melhor forma de funcionamento de toda a rede hospitalar.

Para o vice-presidente da Sul América Saúde, o mais importante é a funcionalidade. "O acesso, a rede de telefonia, banda larga e por aí vai. Grande parte de nossa rotina já é feita pela *web*", diz João Alceu Amoroso Lima.

Na Rede D´Or, há hospitais que partiram do zero, como é o caso do Barra D'Or, e outros que foram adaptados. O Copa

D´Or era um hotel que foi adaptado. O prédio onde está o Quinta D'Or, na Quinta da Boa Vista (Zona Norte da cidade do Rio de Janeiro), também já existia e foi totalmente reformado. "Aparência é importante no nosso ramo, mas também é preciso estar muito atento à funcionalidade", adverte Jorge Moll.

Na opinião de Gisele Couto, o cliente quer limpeza e não beleza. "Suntuosidade não é necessária. O importante é ter conforto e funcionalidade. Isso serve tanto para o setor privado quanto para o público. O setor público também deve perseguir esta meta", sugere.

Recursos Humanos

Os profissionais de saúde são – sem dúvida – os principais *players*, segundo os especialistas consultados, para que os clientes percebam um bom serviço prestado.

Gisele Couto observa que ninguém vai para um hospital ou procura um médico quando está bem, sentindo-se com boa saúde. "Doente, fragilizado, esse consumidor deve ser ainda melhor tratado. Tudo é muito delicado nessa relação. É por isso que sempre reforço nas minhas palestras que quem atua nesse segmento deve gostar – e muito – de ouvir, de conversar e atender às demandas das pessoas. Quem não gosta de gente não deve nem sonhar em vir para o setor de saúde", frisa.

A escolha desses talentos tem sido uma missão muito importante para os administradores, reconhecendo que médicos, enfermeiros, atendentes e toda a gama de profissionais são os cartões de visita no processo de atendimento ao público. Investimentos em seleção, constante treinamento e especialização têm sido feitos pelas empresas.

Vocação é um item importante na hora da seleção, mas as empresas avaliam todos os atributos hoje em dia. A Sul América Saúde, por exemplo, há alguns anos identificava pessoas com vocação, das quais não sabia quais eram os principais atri-

> "Vocação é um item importante (...) mas as empresas avaliam todos os atributos hoje em dia."

butos. Pelo novo critério, mapeia os atributos na hora de definir novos quadros, de tal forma que quando o funcionário ingressa no grupo sabe quais as qualificações e atributos que precisa desenvolver. "Há um interesse muito grande de pessoas querendo integrar nosso time. Uma vez aqui dentro, o funcionário costuma permanecer por muitos anos", relata João Alceu.

A rotatividade só é um pouco mais elevada no *call center*, mas, no geral, é muito baixa. E o *call center* serve como um celeiro de talentos e uma escola sobre os produtos e serviços da empresa. "Quando há vagas, temos procurado talentos dentro da própria empresa primeiro e só depois é que partimos para o mercado. No caso de profissionais médicos para a área de administração, buscamos aqueles com vocação para gestão médica, formação de equipes e trabalho em projetos", relata o vice-presidente.

Com 110 anos, a Sul América é uma empresa madura e tem a cultura de serviços e de relacionamento com uma equipe muito integrada de cerca de 900 pessoas (na operação de saúde). João Alceu acredita que o principal atributo é o relacionamento entre os membros da equipe. "Isso deve ser um exemplo dado pelas lideranças. Investimos muito nisso, para que todos caminhem na mesma direção, com os mesmos objetivos e sem vaidades", destaca ele.

No Hospital Samaritano de São Paulo, a área de Recursos Humanos também é considerada como de grande importância para a estratégia da instituição. "O maior patrimônio são as pessoas. A *Joint Comission* avaliou assim em 1994. Sempre defendi que para que os nossos funcionários possam atender bem os nossos clientes, precisam estar de bem com as suas funções, com os seus serviços", diz José Antônio Lima.

No caso de executivos, o Samaritano conta com a ajuda de uma empresa de *headhunter*. Mas também utiliza muito a promoção interna, procurando talentos dentro do hospital. E treinamento é, sem dúvida, um carro-chefe da instituição: os enfermeiros ficam 23 dias em treinamento antes de entrarem realmente para a linha de frente do trabalho. O investimento em capacitação e treinamento é de cerca de 170 mil horas.

A Rede D'Or, analisa, caso a caso, por unidade, as necessidades de pessoal, investimentos e de adequação física. "No nosso caso, utilizamos executivos médicos com aptidões especiais para a gestão. Procuramos profissionais com esse perfil dentro dos hospitais. Valorizamos internamente nossa competente equipe", afirma Moll. E acrescenta que em todas as contratações são feitos exames admissionais e uma análise muito criteriosa do profissional.

Moll observa que cerca de 60% dos funcionários de um hospital costumam ser enfermeiros. "Investimos muito em treinamento. Não só da equipe, mas também da diretoria. Estamos sempre nos aperfeiçoando. A acreditação, por exemplo, é um passo muito importante para nós", diz Moll.

A Rede D'Or utiliza o modelo de função-chave nos hospitais. Os profissionais ficam responsáveis por criar "filhotes", de tal forma que o conhecimento absorvido por esses vai sendo repassado para os demais.

Gisele Couto, do SENAC-Rio, acredita que já faz parte do passado a idéia de que apenas quem tinha o dom para lidar com a saúde era contratado, pois, acredita, "é preciso trabalhar com o desenvolvimento de competências". Ela acrescenta que hoje é possível ter habilidades – o que exige um constante aprimoramento –, assim como atitude, que também é muito importante. "Como já disse, é preciso saber como se relacionar com as pessoas. Isso sim é essencial. Assim, é preciso romper o paradigma de que apenas o profissional de saúde pode resolver na gestão. Isso não é mais verdade: pode ser um médico ou não", afirma Gisele Couto.

Outro aspecto relevante lembrado pela gerente do Centro de Educação em Saúde do SENAC-Rio é a questão do trabalho em equipe e do caráter da multidisciplinaridade da área de Saúde.

– Não é só o dinheiro que é importante. Para ser bem motivado, é preciso ter conhecimento, e o líder deve atuar como tal. O bom líder pode orquestrar uma equipe de pessoas muito boas. E a multidisciplinaridade é muito importante. Acredito que há um certo amadorismo no setor, que custou a pensar na profissionalização da gestão em saúde. E o pior é que não vejo mudança nos currículos das faculdades – observa Gisele.

Reforçando o peso da área de Recursos Humanos, houve unanimidade nos depoimentos no sentido de reforçar o papel do responsável por essa área na estrutura das empresas. "O diretor de RH é realmente de grande importância. Ele precisa trabalhar com pessoas e serviços para atender e mostrar melhor resultado", diz José Antônio Lima, do Hospital Samaritano de São Paulo.

ANÁLISE DA ESTRATÉGIA DE NEGÓCIOS

Planejamento: O Caminho mais Curto para o Sucesso

> *"É possível seguir um processo de crescimento mais eficaz, baseado em 'jogadas` certeiras que, cumulativamente, ajudarão você a aumentar a receita de sua empresa."*
>
> Ram Charan

CARLOS DE LAET

ENGENHEIRO QUÍMICO, TRABALHOU NA CERAS JOHNSON OCUPANDO CARGOS COMO DIRETOR PARA A AMÉRICA DO SUL E CEO DA JOHNSON WAX PROFESSIONAL. ATUALMENTE DIRIGE A ACLAET BUSINESS CONSULTING, EMPRESA DE CONSULTORIA COM FOCO EM ESTRATÉGIAS E ACONSELHAMENTO DE PRESIDENTES.

A primeira vez que descobri o que significava estratégia foi quando participei de um campeonato de tênis, nos anos 60, no Rio de Janeiro. Havia um favorito, dono de um estilo invejável, recém-chegado de um estágio em Miami (Orange Bowl).

Fui pouco a pouco vencendo os jogos e fiquei imaginando que poderia, a qualquer momento, enfrentar aquele tenista. Dediquei-me então a analisar os pontos fortes e fracos do possível adversário.

Ele possuía um leque de pontos fortes, tais como: saque, paralelas, cruzadas, bolas altas etc.

Porém, percebi que ele não avançava muito para a rede, para volear e matar o ponto.

Depois de estudar bem o meu potencial concorrente, concluí que ele não tinha muita resistência física para ir com freqüência à rede, isto é, procurava economizar energias e tentava, com uma força relevante, matar sempre os pontos do fundo da quadra.

Não preciso explicar muito: fui à final deste campeonato contra este tenista, perdi o primeiro *set* e ganhei os dois seguintes.

O mesmo quadro se repetiu, alguns meses depois, num outro campeonato: me encontrei na final com a mesma pessoa, venci também no terceiro *set*.

Em suma, estudei o adversário, alavanquei um ponto forte meu (resistência e velocidade) em cima do ponto fraco do concorrente (resistência física limitada) e usei táticas como bolas curtas e bolas colocadas que demandavam muita energia do meu adversário para devolvê-las.

Pouco tempo depois entrei em um terceiro campeonato, no qual o meu adversário de sempre também fazia parte. Eu pensei: legal!

Fui eliminado fulminantemente na segunda rodada por um canhoto desconhecido (de fora do Rio).

Esta história, verdadeira, me revelou a importância de se ter uma estratégia.

Em resumo:

– Conheça os pontos fortes e fracos de seus concorrentes (obviamente também os seus).

– Defina uma estratégia (neste exemplo foi: exaurir o adversário).

– Defina uma tática: bolas curtas e colocadas.

– Acredite nela (somente na metade do terceiro set o adversário se exauriu).

– Conheça o seu concorrente e não o subestime (o canhoto me liquidou).

A segunda vez que percebi o que significava estratégia foi no início dos anos 70, quando li o clássico livro de Philip Kotler, *Administração de Marketing*, que traz, em sua página 276, no 1º parágrafo: "Para que tenha sucesso, a empresa tem que delimitar o mercado, porque os recursos humanos e financeiros são limitados" (capítulo relacionado à segmentação).

A partir daí fiquei fascinado por esta palavra mágica: estratégia.

Nos dias de hoje, Governança Corporativa + Estratégia + Modelo de Gestão – o tripé de que trata este livro – são os pilares de uma organização moderna, independentemente de sua natureza, seja ela uma indústria, um hospital, uma religião, um partido político, uma ONG ou qualquer outra.

Irei concentrar este capítulo no item central do tripé: a estratégia.

" (...) Governança Corporativa + Estratégia + Modelo de Gestão são os pilares de uma organização moderna (...)"

1- Qual é a importância de uma empresa ter estratégias bem definidas de curto, médio e longo prazos?

O mercado, ou melhor, os mercados mudaram... globalização, consolidação, regulamentação, baixa inflação, tecnologia de informação, maior competição etc.

A expectativa de vida no início do século XX mudou de 42 anos para 68 anos; portanto, o perfil do paciente e suas necessidades mudaram. Doenças "novas" decorrentes desta longevidade, novas e revolucionárias tecnologias na saúde, avanços no campo da farmacologia e, mais recentemente, da terapêutica não-farmacológica, o domínio do genoma humano, são uma pequena amostra das "tsunâmicas" mudanças ocorridas no setor de Saúde.

A fórmula de se ganhar dinheiro também mudou na saúde, na indústria, na pecuária e em quase todos os mercados. Os modelos tradicionais de se ganhar dinheiro com a medicina ou serviços de saúde mudaram radicalmente com o crescimento das empresas operadoras e a relação que estas estabelecem com os médicos e os serviços de saúde.

Neste novo cenário, novas estratégias devem ser definidas. É um imperativo de sobrevivência. Novas estratégias deverão ser bem definidas, devido ao novo cenário.

2- Defina em que negócio você está ou acha que está

Esta definição parece simples, mas, dependendo de como você definir, o seu negócio pode ser duradouro e lucrativo ou morrer na próxima evolução tecnológica.

Como dizia Thedore Levitt, as ferrovias nos Estados Unidos perderam clientes porque achavam que seu negócio era o ferroviário, e não o de transporte. E erraram ao definir sua área de atuação porque voltaram o foco para as estradas de ferro, e não para o transporte. Voltaram o foco para o produto, e não para o cliente. Quando os aviões se tornaram viáveis, nenhuma ferrovia estava preparada. Nenhuma se transformou em companhia de aviação. O mesmo aconteceu com as empresas que produziam válvulas (para rádios e televisores). Elas se enxergavam como empresas fabricantes de válvulas e não como produtoras de componentes para telecomunicações. Morreram todas!

No debate que vemos a seguir, neste livro, sugere-se que o mercado de saúde é um negócio para "salvar vidas e melhorar a vida das pessoas". Esta definição me parece boa porque não limita a atuação. É bem mais abrangente do que dizer que "o meu negócio é hospital". E se uma nova maneira de abordar o paciente, ou a população sadia esvaziar o hospital?

Partindo dessa definição, existe um mercado enorme a ser explorado, é aquela fatia sã que nunca pisou num hospital, que está em casa, ou trabalhando, ou estudando.

A pergunta é: qual seria a estratégia para sensibilizar as pessoas sãs a fazerem uma "medicina preventiva", sem ir ao hospital, ou mesmo indo aos hospitais?

Este exercício é fundamental para depois se desenvolverem as estratégias.

Comecemos do princípio: o cliente. Já está provado que o motorista abomina o inconveniente, a demora e a própria experiência de comprar gasolina. Na realidade, as pessoas não compram gasolina – não é um produto que vejam, provem, sintam, apreciem ou mesmo testem. O que compram é o direito de continuar dirigindo o carro.

O negócio do McDonald não é vender hambúrguer. É oferecer comida rápida.

Vamos então a uma reflexão: o negócio da Coca-Cola Company não é somente vender refrigerantes, mas é matar a sede com prazer (participação de mercado do estômago).

Será que o negócio de um hospital, então, é tratar de doentes? Será que o negócio de um serviço de saúde é ser um hospital?

3- Defina quem são seus principais concorrentes

É proibido dizer que não tem concorrente. Nesta tarefa de definição dos concorrentes, existe muita miopia. Muitas vezes ouço falar que os principais concorrentes são o Hospital X e o Hospital Y no Rio de Janeiro, porém tenho sabido de muitos cariocas que vão ser operados ou fazer tratamentos em São Paulo, por exemplo.

Na década de 80, a máxima eram frases do tipo: "atendimento ao cliente", "amo o meu cliente" ou "o cliente em 1º lugar".

Naquela ocasião elaboramos um *workshop* sobre concorrência na empresa que eu trabalhava e chegamos à conclusão de que o nosso maior "concorrente" era a nossa própria companhia, pois nossos processos e nossa cultura ainda não estavam alinhados com a era da necessidade do atendimento ao cliente. Desenvolvemos processos, planos, premiações para atacar este concorrente interno. O resultado foi positivo.

A definição de quem são os reais concorrentes é a pedra fundamental para a análise S.W.O.T. (*Strenghts, Weaknesses, Opportunities e Threats*), isto é, a análise das Fortalezas, Fraquezas, Oportunidades e Ameaças, que iremos apresentar após a definição das tendências de mercado.

4 - Defina as tendências de mercado tanto sob o aspecto micro quanto sob o macroeconômico (cenário)

Exemplo na Saúde:

– Consolidação de hospitais.

– Formação de cadeias (escala).

– Concentração de médicos em grandes centros tende a aumentar = perda do poder de negociação de valores a serem cobrados (lei da oferta e da procura).

– Fontes pagadoras influindo em referências, protocolos e procedimentos.

– Classes C e D procuram planos de saúde.

– Empresas desejam aumentar sua transparência.

– Empresas familiares tenderão a ter presidentes externos.

– Novas doenças deverão aumentar a incidência.

– Investimentos em biotecnologia crescerão.

– A população da terceira idade será cada vez mais representativa.

– Fundos de investimentos procurarão os hospitais com grifes.

– Medicina diagnóstica deverá ser expandida para cidades médias do interior do Sudeste.

- Regulamentação sobre resíduos hospitalares deverá ser mais rígida.
- Novos hospitais serão construídos com a filosofia "verde".
- Terceirização do serviço de engenharia clínica deverá aumentar.
- Terceirização de gestão hospitalar deverá também crescer.
- Assistência domiciliar (*Home Care*).
- *Day Care*.

O cenário macroeconômico também deverá ser definido (inflação, crescimento do PIB, prováveis regulamentações, leis, crescimento do PIB da China e dos Estados Unidos, possíveis guerras).

A correta seleção das tendências ajudará substancialmente na definição das oportunidades e das ameaças de mercado que iremos abordar na análise a seguir.

"Como você tem certeza que o nível do seu atendimento ao cliente é superior ao do seu concorrente?"

5- Desenvolvimento da Análise S.W.O.T.

– Esta ferramenta é a base para a definição de estratégias sólidas, coerentes e defensáveis.

• Definição de Fortalezas: o que fazemos que gera uma vantagem comprovada em relação aos competidores?

1º passo é apontar quais são as fortalezas da sua empresa em relação aos seus principais concorrentes (já definida anteriormente). Neste ponto é proibido afirmar fortalezas que não sejam realmente comprovadas; por exemplo: atendimento ao cliente. Como você tem certeza que o nível do seu atendimento ao cliente é superior ao do seu concorrente? Se não tiver certeza sobre a fortaleza, ela é questionável.

• Definição de Fraquezas: onde temos deficiências significativas em relação aos competidores?

2º passo é determinar as fraquezas em relação aos seus principais concorrentes. Exemplo: emergência, número de salas de cirurgia, número de leitos de UTI.

Para se ter uma verdadeira fotografia das fraquezas e fortalezas em relação aos seus principais concorrentes, é necessário executar pesquisas de mercado regularmente a cada 12 a 18 meses, com médicos e pacientes, para fazer uma avaliação comparativa de atributos/benefícios. Fortaleza e fraqueza não são opiniões que temos a respeito do que fazemos. São comparações efetivas com a concorrência ou participantes do mercado onde estamos.

• Definição de oportunidades: quais os acontecimentos favoráveis de mercado que poderão gerar crescimento no segmento?

3º passo é enumerar as oportunidades de mercado.

Na definição das tendências abordadas anteriormente, algumas oportunidades já terão sido levantadas.

Exemplo:

– A população da terceira idade aumenta sua participação de mercado.

– Opção pelo tratamento domiciliar.

– Classes C, D e E demandam saúde suplementar.

– Culto à saúde aumenta.

– Cidades médias no Norte Fluminense, devido a negócio de exploração de petróleo, demandam serviços de saúde próximos às suas bases.

• Definição de Ameaças: quais as condições no mercado que poderão impactar negativamente o segmento?

4º passo – avaliar as possíveis ameaças de mercado.

Algumas já deverão ter sido citadas na análise de tendências.

Exemplo:

- Novos hospitais serão construídos por grupos com alta capacidade de financeira e de gestão.

- Grupos de fora do Rio ou estrangeiros deverão comprar nossos principais concorrentes e conseqüentemente fortalecê-los.

A análise S.W.O.T. deve canalizar as atenções da empresa para focar no seguinte:

- Alavancar suas fortalezas, maximizá-las.

- Reduzir as suas fraquezas.

- Aproveitar as oportunidades de mercado potencializando suas fortalezas.

- Minimizar as ameaças de mercado.

Portanto, quem perceber primeiro as oportunidades e as ameaças e agir coerentemente, tendo uma boa estratégia, sai na frente.

6 - Estados Estratégicos

Quaisquer que sejam os modelos, ferramentas ou processos, líderes estratégicos alinham direção estratégica e estratégias específicas da organização com as condições externas. Isto começa com uma compreensão das oportunidades e ameaças do mercado em que atuam.

Líderes também examinam as fortalezas e fraquezas da sua empresa em relação aos seus concorrentes.

Esta é a fundação (Análise S.W.O.T.) para uma direção estratégica para a companhia, a qual já abordamos no item anterior. Porém, o modelo de Estados Estratégicos reforça e a ajuda no sentido de descrever sua atual e futura direção estratégica.

O modelo descreve quatro diferentes categorias de empresas ou negócios: "Sucesso", "Forte", "Gordo" e "Crise".

Cada estado estratégico implica o uso de certas estratégias e a contra-indicação de outras.

Vejam:

SUCESSO

É a situação quando a empresa está crescendo, muito lucrativa, capitalizada, forte posição em relação à concorrência.

FORTE

Neste estado a organização possui uma boa situação financeira e uma boa posição em relação à concorrência.

GORDO

Como o próprio nome está dizendo, é o momento correto para "queimar as gorduras"; geralmente os resultados não estão atingindo os objetivos.

CRISE

Crise profunda: financeira, clima, mercado recessivo, participação de mercado despencando.

Estratégias a serem recomendadas para cada estado:

SUCESSO (Arrisque):

- Inicie um novo negócio/novo serviço
- Expanda geograficamente seus serviços
- Construa mais capacidade (leitos)
- Invista em *Forward Integration* - (Exemplos: remoção/ambulâncias)

FORTE (Não invente muito):

- Mantenha sua posição de mercado (mesmos serviços e mesma geografia)
- Invista em tecnologia de informação
- Melhore sua eficiência operacional

- Invista em *Backward Integration* (Exemplo: tenha alguns serviços de diagnóstico e de manutenção, com sua própria equipe)

GORDO (Emagreça):

- Elimine os serviços pouco lucrativos
- Reavalie sua estrutura de pessoas
- Proteja e reforce sua "Jóia", isto é, o seu *core business* (seja enérgico, caso contrário sua empresa pode passar para o estado de crise)

CRISE:

- Adie qualquer "gasto"
- Corte custos drasticamente
- Elimine funções
- Até venda o seu negócio

Em suma, uma vez definido o estado estratégico dominante, o modelo recomenda um grupo de estratégias a serem perseguidas. Neste estudo você irá identificar que a sua companhia tem um estado dominante, por exemplo, "Forte", e algumas características de "Sucesso". Use as estratégias recomendadas para o estado dominante.

Outro ponto que vale ressaltar é a atenção ao estado dominante; se você é Gordo, mas não usa as estratégias recomendadas para esta situação, você pode entrar no estado de Crise.

(Fonte: adaptação de material fornecido por *Center for Creative Leadership – Manus Associates*.)

7- Modelos Estratégicos do Perfil de Empresas

Para facilitar a definição das estratégias, a seguir apresentamos alguns modelos de empresas.

- Modelos de Empresas

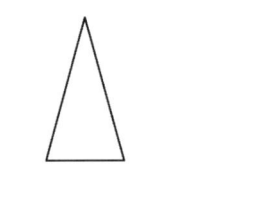

Pirâmide longilínea – Anos 70. CEO autocrata, muitos níveis hierárquicos.

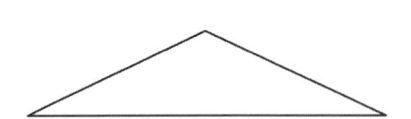

Pirâmide achatada – Anos 80. Reengenharia, redução de níveis hierárquicos, cultura: perto do consumidor, cliente como prioridade, CEO democrata, visitando clientes.

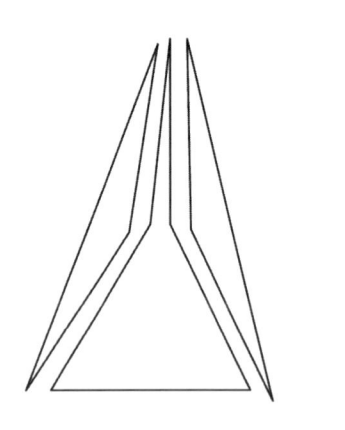

Pirâmide de sombra – Anos 90. Foco no negócio principal, formação de alianças com fornecedores e canais de distribuição. Terceirização de produção e de disciplinas que não eram o negócio principal. Globalização. CEO flexível, negociador. Um bom exemplo é a Nike.

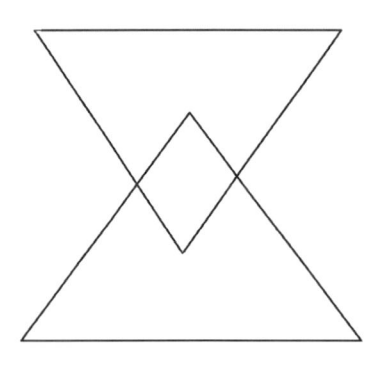

Dupla pirâmide: Século XXI. Advento da Governança Corporativa.

O CEO está na intercessão das duas pirâmides; portanto, preciso ter competência emocional, visão estratégica, imprimir mudanças e gerar resultados, seja qual for o cenário externo.

8 - Estratégia do Alvo Móvel (É mais fácil acertar um elefante parado que um pato voando a favor do vento.)

Quando a empresa exerce certa liderança, ela geralmente é inovadora e lança novos produtos e novos serviços em primeiro lugar no mercado. E por ser líder, esta companhia está sempre sendo observada, desafiada e copiada.

Analisemos um líder na área de comida rápida:

1º produto:

Vejamos o exemplo de um líder inovador que é o McDonald no segmento de comida rápida: hambúrguer, mais batata frita, mais refrigerante, *playground*, sala para festa, *delivery*, *drive-thru*, quiosques, café.

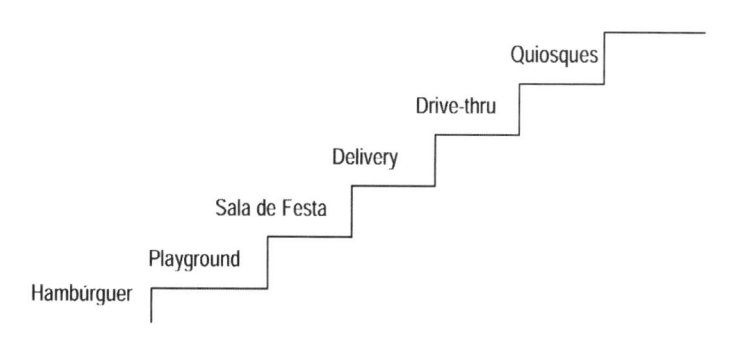

> "(...) existem quatro tipos de empresas: as líderes (...); as desafiadoras (...); as seguidoras; e as que trabalham em nichos de mercado."

```
                                    Quiosques
                           Drive-thru
                  Delivery
         Sala de Festa
   Playground
Hambúrguer
```

Além desses conceitos acima exemplificados, café da manhã e lojas 24 horas são outros movimentos desta rede americana.

O líder, como está sendo observado, desafiado, mirado, copiado, deverá ter uma alta velocidade nas inovações porque certamente a concorrência tenderá a copiá-lo.

Já que estamos falando sobre líderes, existem quatro tipos de empresas: as líderes, que certamente usam a estratégia de alvo móvel; as desafiadoras, que têm alguma capacidade financeira e tecnológica; as seguidoras; e as que trabalham em nichos de mercado.

As líderes em geral ganham dinheiro, as desafiadoras também ganham algum dinheiro. As seguidoras geralmente ganham pouco dinheiro e as que focam em nichos são muito rentáveis.

A Gillette é um excelente exemplo de empresa inovadora. Ela não espera que a concorrência copie ou supere os seus produtos. Ela mesma torna obsoleta a sua linha de produtos. Está sempre dois degraus à frente da concorrência porque não tem o menor pudor em derrubar, no momento certo, um produto de enorme sucesso. Basta que nos lembremos de todos os diferentes modelos de barbeador que usamos. A maioria, senão todos, foram da Gillette. E, quando mudamos para o barbeador elétrico, lá estava a Gillette com o Braun. A Gillette não é uma empresa de lâminas de barbear, mas de soluções para o barbear masculino (e, mais recentemente, o depilar feminino).

As empresas líderes também se esmeram em ser a primeira no mercado numa nova categoria. Exemplos: Nestlé (iogurte), Brasil (carro a álcool), Mundo Verde (varejo com foco no orgânico, natural, vegetal), Dr. Ivo Pitanguy (cirurgia plástica).

9 - Outro modelo de estratégia vencedora é explorar o "interior", isto é, enquanto a grande maioria dos concorrentes está brigando por uma fatia na "Avenida das Américas" ou na "Avenida Paulista", por exemplo, a empresa seleciona uma área geográfica com menor competição.

Exemplos:

A Indústria Raymundo da Fonte, de Recife, fabricante de produtos de limpeza, domina o Norte/Nordeste e não penetra em São Paulo.

Garden Party, uma empresa líder em organização de eventos (casamentos e festas) situada em Jacarepaguá, no Rio de Janeiro, domina este mercado para os moradores da Zona Oeste e da Zona Norte. E por falar em segmentação, vamos aprofundá-la um pouco mais a seguir, pois os exemplos anteriores são, na realidade, clássicos casos de segmentação geográfica.

10 - Segmentação

Segmentação, público-alvo e posicionamento representam um tripé estratégico crítico para qualquer produto, serviço ou empresa.

É proibido dizer que vendemos para todos os segmentos, ou melhor, uma companhia que menciona que atende a todos os segmentos de mercado indistintamente não utiliza a técnica de segmentação, pois, por definição, segmentação é um grupo de clientes, de empresas ou de pessoas que possui as mesmas necessidades, hábitos, problemas etc.

Theodore Levitt mencionava que as pessoas não compram produtos ou serviços, mas compram "soluções para seus problemas". Temos, então, que descobrir quais são os problemas e tentar resolvê-los.

(O déficit de leitos hospitalares foi resolvido com a implementação de um modelo de assitência domiciliar.)

Temos que conhecer como os consumidores se diferem uns dos outros e como essas diferenças (problemas, necessidades, hábitos) podem ser agrupadas em segmentos comercialmente relevantes.

Se você não está pensando em segmento, você não está pensando. Pensar em segmento significa pensar além do óbvio visível. Geralmente todo mundo vê os segmentos óbvios como os relacionados à demografia, tipo de indústria, áreas geográficas, mas o real poder da segmentação é aquele que transcende o ordinário.

Exemplos recentes:

A Cultura Inglesa de São Paulo inaugurou, em 2006, uma unidade de uma rede de escolas de inglês, batizada de *Entry*. O segmento é o grupo de pessoas que deseja usar o inglês para conseguir melhores oportunidades de trabalho.

A mesma Cultura Inglesa de São Paulo, tradicional no ensino de alunos a partir de 7 anos, passa a atender também crianças a partir de 3 anos de idade.

O McDonalds, nos Estados Unidos, já está testando o conceito de lojas 24 horas para servir às necessidades dos notívagos com fome.

O consumidor socioambientalmente responsável já é um segmento (vide o crescimento do mercado de orgânicos e produtos que afetam menos o meio ambiente). Fiquem atentos à "onda verde", que é realmente impressionante.

No mercado de limpeza profissional existem mais de vinte segmentos, como, por exemplos, escolas, indústrias, hotéis, hospitais, supermercados, *shopping centers*, órgãos do governo, restaurantes, cinemas, clubes, condomínios, empresas de transportes, empresas prestadoras de serviços de limpeza etc.

A primeira vez que experimentei um processo de segmentação foi no início dos anos 70, quando comecei a trabalhar na Ceras Johnson (Unidade de Negócios no Mercado Profissional de Limpeza).

Baseando-nos em pesquisa de mercado e na tecnologia disponível, selecionamos o segmento de supermercados como o principal, pois havia muitas áreas a serem limpas, enceradas e desinfetadas.

Fomos a primeira empresa a oferecer um pacote completo de soluções de limpeza e sanitização: dominamos.

O mesmo aconteceu poucos anos depois, quando selecionamos o segmento hospitalar.

A observação, a pesquisa de mercado e a constante atenção para descobrir um novo segmento são quesitos obrigatórios numa gestão.

Outro bom exemplo de segmento é o que podemos chamar de prevenção. Ele é bem diferente em relação ao tradicional porque tem novos fatores:

1º O paciente não está doente.

2º O cliente é uma pessoa jurídica (o usuário é a pessoa física).

3º O tratamento, ou o serviço, melhor dizendo, não é feito no hospital.

4º As organizações de saúde vão ter que montar uma equipe de vendas para bater à porta das corporações.

A fórmula de se ganhar dinheiro mudou.

Veja esta notícia, publicada pelo jornal *Valor Econômico*, no dia 25 de agosto de 2006:

> *"Grandes hospitais estão expandindo serviços além do modelo tradicional. Sírio Libanês, São Luiz e Albert Einstein, todos de São Paulo, enviam equipes até as empresas para ensinar os funcionários a parar de fumar, evitar os diabetes e a prestar os primeiros socorros. 'É crescente a preocupação com a prevenção. Não faz mais sentido um hospital querer apenas curar', diz Henrique Salvador, da Associação Nacional de Hospitais Privados. Se continuassem só com o tratamento de doenças, as instituições perderiam importantes fontes de receita, como exames e prevenção de moléstias."*

Concluindo:

Segmentação é sinônimo de foco, que é sinônimo de sacrifício, mas que também é sinônimo de sucesso.

11 - Alguns Exemplos de Segmentação nos Estados Unidos

O livro de Michael Porter, *Redefining Health Care*, realça os pontos a seguir:

A lógica econômica, fundamental no setor de Saúde, é determinada no âmbito da enfermidade. Vários estudos mostram que, quando um médico ou uma equipe trata um volume alto de pacientes com uma determinada enfermidade ou quadro, os resultados são melhores e os custos menores. O renomado *Texas Heart Institute* (THI), por exemplo, orgulha-se de custos cirúrgicos que variam entre um terço e metade dos custos de outros centros médicos universitários – e isso atendendo os casos mais difíceis e recorrendo a tecnologias avançadas. Por causa de sua especialização, o THI atrai os casos mais complexos e exigentes, o que acelera ainda mais o aprendizado. No setor de Saúde, assim como em vários outros, pode haver um avanço simultâneo em qualidade e custos à medida que prestadores de serviço previnem erros, elevam a eficiência e adquirem perícia. Como muitos setores já ensinaram, "acertar logo na primeira vez" não só melhora os resultados, como pode cortar drasticamente os custos. A dissonância entre custo e qualidade, no setor de Saúde, é significativamente reduzida quando a concorrência se dá no âmbito adequado (segmento é formado por pacientes cardíacos).

> "Num regime de concorrência sadia, um prestador de serviços não tentaria igualar toda e qualquer medida do concorrente."

Estratégias de prestadores: diferenciação. Num regime de concorrência sadia, um prestador de serviços não tentaria igualar toda e qualquer medida do concorrente. Em vez disso, criaria estratégias claras em torno de especialidades e de instalações adequadas aos campos em que pudesse realmente se destacar. A maioria das organizações de saúde – hospitais, clínicas ou empresas de *home care* – contaria com serviços variados, mas não tentaria ser tudo para todos. Em muitos setores, faz sentido criar produtos e serviços que gerem valor diferenciado. Para essas organizações de saúde, adquirir tal singularidade seria uma mudança significativa de mentalidade. Decidir o que fazer é uma idéia ainda mais radical.

No fundo, é segmentação, especialização, foco. Excelência x Abrangência.

12 - Público-Alvo

Uma vez definida a segmentação de mercado, podemos então fazer um ajuste fino e definir mais precisamente quem serão os clientes, isto é, o nosso público-alvo.

Vejamos qual é o público-alvo de três exemplos de segmentos anteriormente descritos:

- Supermercados: aqueles sensíveis à aparência do piso, higienização dos banheiros e sanitização das áreas de preparação de alimentos. Foram inicialmente as grandes cadeias brasileiras e multinacionais localizadas em bairros de classe média em São Paulo.

- A primeira escola *Entry* da Cultura Inglesa foi no bairro de Diadema na Grande São Paulo, isto é, uma região muito industrial e com muitas multinacionais (Fonte: *Folha de S.Paulo* – 11/09/06).

- No caso da prevenção da saúde: tudo indica que são as médias e grandes corporações, sejam nacionais, governamentais ou multinacionais, cuja preocupação com os funcionários está em primeiro lugar.

O grupo das "100 melhores empresas para trabalhar" certamente é um alvo para ser avaliado.

13 - Posicionamento

Por definição é aquilo que queremos que nosso público-alvo pense a respeito da gente.

Exemplos de posicionamentos:

Xerox: *The Document Company*

Federal Express: Entrega no dia seguinte em qualquer lugar do país

Nordstrom – Lojas de departamentos: Fazer *shopping* nas lojas *Nordstrom* é uma experiência

CNN: *Be the first to know*

TEC (Empresa Americana que coordena aconselhamento de grupos de CEO's): presidentes trabalhando juntos (*CEO's Working Together*)

Hospital Perinatal: ainda está para nascer lugar mais seguro para ter seu bebê.

PRONEP: Soluções em saúde.

14 - Visão

Neste momento já poderemos arriscar o desenho de nossa visão. Mas o que é Visão?

Visão corporativa é uma declaração curta, sucinta e inspirada sobre aquilo que a organização pretende ser e alcançar em algum momento no futuro. A Visão se refere a um grupo de intenções que são abrangentes e provocadoras.

A Visão descreve aspirações para o futuro, sem especificar os meios (estratégias) que serão empregados para atingir os desejados objetivos. Visão é aquilo que queremos ser quando crescer. Visão é aonde queremos chegar em cinco ou dez anos. Ela vai nos direcionar, nos orientar nas nossas estratégias e decisões.

Todos os funcionários têm que saber perfeitamente qual é a Visão da companhia.

A Visão, apoiada nos valores da empresa, facilitará qualquer tipo de decisão.

Vejamos alguns exemplos:

Ser Humano - > Ser Médico

Hospital - > Ser o maior hospital de referência em oncologia do interior de SP até 2010.

Outros exemplos de Visão:

1- Genérico: dobrar o faturamento da empresa, de R$130 milhões para R$260 milhões em cinco anos, quadruplicando o lucro operacional, de R$30 milhões para R$120 milhões, focando em clientes das Classes C e D, moradores da Zona Norte e Baixada e no desenvolvimento de parcerias estratégicas de serviços que não são a atividade principal do nosso negócio.

2- Saúde: melhores soluções e serviços para você todo dia dentro ou fora do hospital.

3- *The University of Texas MD Anderson Cancer Center* – nós seremos o primeiro centro de câncer no mundo, baseado na excelência da nossa equipe, da pesquisa e ciência com foco no cuidado do paciente.

4- *Johns Hopkins Medicine* – fornece um ambiente diversificado e inclusivo que catalisa descoberta intelectual, cria e transmite conhecimento inovador, melhorando a saúde humana e disponibilizando liderança médica para o mundo.

5- *Children´s Hospital Boston* - ser o líder mundial em melhoria da saúde infantil.

6- IPÊ: Instituto de Pesquisas Ecológicas: somos reconhecidos como a ONG socioambiental mais realizadora do Brasil, tendo consolidado nossos projetos, conquistado estabilidade financeira e iniciado a captação de um fundo *endowment*.

7- GE – nós trazemos boas coisas para a vida.

8- *Microsoft* – capacitar globalmente pessoas e negócios para realizar seu total potencial.

9- *Ford* – ser a líder global de automóveis de passeio e serviços correlatos.

Visão sem ação é sonho acordado e ação sem visão é pesadelo (Provérbio Japonês).

15 - Missão

A declaração da missão é a tradução da visão da companhia numa forma escrita. Ela torna clara a direção e o propósito da organização. Para muitos líderes, ela é o elemento vital no sentido de motivar os funcionários e para dar a eles o senso de prioridade. Ela deve ser concisa, apontando os objetivos e prioridades.

A missão deve responder a três perguntas:

1- O que nós fazemos?

2- Como fazemos?

3- Para quem nós fazemos?

Exemplos:

- *Beth Israel Deaconess Medical Center* - fornecer um cuidado extraordinário, em que o paciente está em primeiro lugar, suportado por educação e pesquisa de classe mundial.

- *Mayo´s Clinic* - fornecer o melhor cuidado para cada paciente, todo dia, através de prática clínica, educação e pesquisa.

- IPÊ – Instituto de Pesquisas Ecológicas - o IPÊ acredita que o ser humano tem dever ético com a biodiversidade. Por isso, com educação, ciência e negócios sustentáveis promove a conservação dos recursos socioambientais do Brasil.

16 – Valores

São os alicerces de uma organização; eles também são uma ferramenta para ajudar nas decisões. Os valores ajudam a definir a cultura da empresa.

Os valores são para serem exercitados e não discutidos no corredor.

Exemplos:

Johnson Wax (empresa americana familiar com mais de 100 anos de vida).

Valores – No que acreditamos: a boa vontade das pessoas é a única coisa que perdura em qualquer negócio. Ela é uma substância única, o resto é sombra (*The rest is shadow*).

- Altos padrões éticos.

- Liderança junto ao meio ambiente.

- Envolvimento com a comunidade.

ONG IPÊ – Instituto de Pesquisas Ecológicas: ética, bom humor, paixão, comprometimento com a comunidade, idealismo, independência.

Mayo's Clinic – principal valor é: a necessidade do paciente vem em primeiro lugar.

17- Objetivos Estratégicos

Esses objetivos e as estratégias que garantirão o atingimento deles serão o plano de vôo para os próximos cinco anos em direção à Visão. Os objetivos estratégicos deverão ser relacionados a disciplinas-chave que ajudarão a companhia a atingir a Visão.

Alguns exemplos clássicos de disciplinas:

Exemplo de uma organização de saúde:

- Inovação: continuar a sermos os primeiros no mercado em termos de tecnologia de ponta em oncologia nos próximos cinco anos.

- Sucessão: prepararmos a sucessão para o ano 3 e iniciarmos os primeiros passos de uma governança no ano 1.

- Gestão: implantarmos um modelo de gestão no ano 1, com foco na Visão.

- Eficiência operacional: implantarmos um sistema no ano 2, objetivando conhecer a lucratividade por patologia, serviços, áreas etc.

- Clientes: intensificarmos nossos investimentos para conhecer melhor nossos clientes.

- Performance financeira : melhorá-la anualmente nos próximos cinco anos.

18 - Obstáculos (Pensamento Estratégico)

Agora que já delineamos quem somos, para onde queremos ir, como iremos, com quem iremos etc., vale a pena refletirmos sobre os possíveis obstáculos que poderão ocorrer na nossa trajetória.

Sabemos que no mundo real o planejado nem sempre acontece. Algumas perguntas que devemos fazer:

- O que de pior pode acontecer? Como responderemos a esse problema?
- Qual será a reação da concorrência quando implantarmos o novo serviço de medicina diagnóstica móvel? Como responderemos a esta reação?
- E se não conseguirmos atingir os resultados previstos do primeiro trimestre ou quadrimestre ou semestre, qual será o nosso plano de contingência?
- O que pode dar errado? Como responderemos?
- Que projetos podemos deixar de reserva caso os previstos no nosso plano atrasem?

Essas questões devem estar automaticamente na mente do gestor.

19 - Recursos Humanos e Financeiros

Os recursos financeiros serão gerados por pessoas executando estratégias. Vamos nos concentrar no aspecto estratégico dos recursos humanos (talentos).

Uma vez definida a Visão e os Objetivos Estratégicos, temos que avaliar os Recursos Humanos sob o ponto de vista de alinhamento.

Ferramentas fundamentais são:

Objetivos Pessoais, avaliação de desempenho, plano de

carreira, plano de capacitação, assim como o planejamento estratégico de RH.

E por falar em Planejamento Estratégico de Recursos Humanos, gostaria de relatar minha experiência neste ponto fascinante: a Diretoria e a Gerência Sênior discutiam pessoa por pessoa, definia-se o quadrante de cada funcionário na Matriz Potencial x Desempenho. Em função da localização das pessoas nos diversos quadrantes eram então desenvolvidos planos de capacitação, ações de *feedback* e planos de carreira. Este exercício acusava facilmente a quantidade de talentos, de pessoas questionáveis, das irrecuperáveis de um determinado grupo de funcionários.

Uma vez por ano analisávamos os funcionários divididos em grupos, tais como: equipe de vendas, gerentes, diretoria, fábrica, químicos etc. sob o ponto de vista de potencial e desempenho e "plotávamos" pessoa por pessoa num determinado quadrante.

Vejamos um exemplo utópico na área de Saúde e especificamente com a equipe de enfermagem.

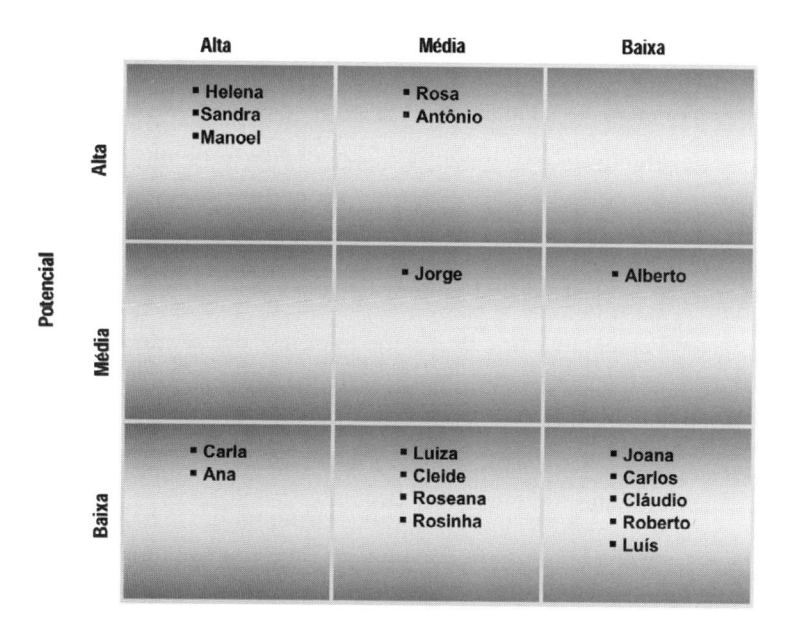

	Alta	Média	Baixa
Alta	• Helena • Sandra • Manoel	• Rosa • Antônio	
Média		• Jorge	• Alberto
Baixa	• Carla • Ana	• Luiza • Cleide • Roseana • Rosinha	• Joana • Carlos • Cláudio • Roberto • Luís

(Potencial — eixo vertical)

Com esta fotografia podemos então planejar nossas ações muito facilmente.

Talentos, pessoas que temos dúvidas e pessoas de baixo desempenho poderão então ser trabalhados de formas diferentes.

20 - Modelo de Gestão com Foco nas Estratégias e Visão: *Balanced Score Card*

Existem vários modelos de gestão. A minha experiência com o modelo do *Balanced Score Card* foi extremamente positiva. Este modelo deve estar perfeitamente alinhado com o planejamento estratégico, com foco na Visão (longo prazo). É um modelo de gestão que enfatiza objetivos e ações dentro do ano fiscal, mas conectados com a Visão e com os Objetivos Estratégicos.

Idéia Básica é:

- Focalizar a organização em medidas que tenham importância sob o ponto de vista estratégico.

- Quatro perspectivas são consideradas para evitar focalização apenas em medidas financeiras de curto prazo.

São elas:

- Perspectiva Financeira: para ser um negócio excitante para nossos acionistas, que objetivos financeiros devemos atingir?
- Perspectiva do Cliente: para atingir nossa Visão, qual "proposta de valor" devemos entregar aos nossos clientes?
- Perspectiva dos Processos Internos: para satisfazer nossos acionistas e clientes, em quais processos devemos ser excelentes?
- Perspectiva do Aprendizado e Crescimento: para atingir nossa Visão, como vamos sustentar nossa habilidade para crescer e melhorar?

(Uma quinta perspectiva está sendo atualmente incluída: ações socioambientais).

A idéia é definir cerca de três a quatro objetivos anuais por perspectiva e comunicá-los à corporação, envolvendo o maior número possível de pessoas.

Estes objetivos são os prioritários dentro do ano fiscal em questão. O *Balanced Score Card* ajuda a focar ações para atingir esses principais objetivos.

Essa ferramenta precisa ter apoio total da Diretoria, pois até a engrenagem começar a girar pode levar seis meses e, se parar, de dois a três meses, a engrenagem enferruja e, para lubrificá-la novamente, demorará uns três a quatro meses.

21 - Governança Corporativa

Dentro do tripé estrutural de uma organização, isto é, Governança - Estratégia - Modelo de Gestão, a primeira é a menos conhecida pela maioria do empresariado.

A definição sobre este tema no Código das Melhores Práticas de Governança Corporativa, do Instituto Brasileiro de Governança Corporativa, é: Governança Corporativa (IBG) é o sistema pelo qual as sociedades são dirigidas e monitoradas, envolvendo os relacionamentos entre Acionistas/Cotistas, Conselho de Administração, Diretoria, Auditoria Independente e Conselho Fiscal. As boas práticas de Governança Corporativa têm a finalidade de aumentar o valor da sociedade, facilitar seu acesso ao capital e contribuir para a sua perenidade.

Os princípios básicos da boa Governança Corporativa são:

- Transparência – atitude, vontade de informar.
- Eqüidade (*fairness*) – igualdade de direitos para os mesmos grupos.
- Prestação de Contas (*accountability*) – "quem tem sócio tem patrão". Atitude de prestar contas.

"Dentro do tripé (...) Governança - Estratégia - Modelo de Gestão, a primeira é a menos conhecida pela maioria do empresariado."

- Responsabilidade Social e Ambiental – sustentabilidade, preocupação com a comunidade.

O que temos visto no mercado é uma tendência crescente de formalização de conselheiros, auditores, acreditações, profissionalização de presidentes etc.

Existe uma governança adequada a cada estágio de evolução, mas esta é uma ciência à parte.

22 - Resumo

As empresas, ou melhor, as organizações, independentemente dos mercados em que atuam, sejam elas uma indústria, uma religião, uma ONG, um supermercado ou uma empresa da área de saúde, têm que estar alinhadas com o tripé Governança – Estratégia – Modelo de Gestão.

Todas precisam ser administradas, precisam de gestão estratégica. Não é incomum que negócios que se desenvolveram a partir da prática de profissionais liberais se percebam como muito diferentes. Tão diferentes que acreditam que modelos de gestão não são aplicáveis. "Hospital é diferente" não é uma frase que eu tenha ouvido pouco na minha atividade de consultor. Claro que hospital é diferente. Tem suas peculiaridades e especificidades. No entanto, do ponto de vista de negócio, um hospital se comporta como uma fábrica e as boas práticas de gestão são tão necessárias em um quanto em outro.

Gestão é Gestão

A empresa que não souber qual a sua lucratividade por produto ou serviço, toma decisões de alto risco. Os hospitais têm que saber a lucratividade por patologia, por área, por serviço etc.

"Um médico que estime a pressão arterial sem usar o esfigmomanômetro" tem uma alta probabilidade de erro.

Se o negócio de hospital não gera muito caixa, se o plano de saúde pressiona muito, se a tecnologia de imagem obriga altos investimentos, se o paciente está cada vez mais exigente e se você continua fazendo as mesmas coisas e espera um resultado diferente, creio que estamos diante de um quadro de insanidade.

Portanto, temos que ver o nosso negócio sob um novo ângulo e arriscaria dizer que é sob o ângulo de geração de valor para o paciente.

Pensar "fora da caixa", quebrar paradigmas para então criar novas estratégias. A fórmula de se ganhar dinheiro mudou.

Para finalizar este capítulo, deixo dez perguntas para gerar uma reflexão na sua empresa:

1- Possui planejamento estratégico atualizado?

2- Tem Visão bem definida e comunicada?

3- Suas estratégias de segmentação e de público-alvo estão bem claras e alinhadas com a Visão?

4- Você tem estratégia para captar, desenvolver e manter talentos?

5- Você monitora seus principais clientes e concorrentes para confirmar suas fraquezas e fortalezas?

6- Você conhece a lucratividade por serviços ou patologias?

7- Seu modelo de gestão, de orçamento anual está alinhado com a Visão?

8- Você tem um departamento comercial agressivo?

9- Você já começou a dar os primeiros passos objetivando implantar a Governança Corporativa?

10- Você tem planos de ação relacionados às causas social e do meio ambiente?

Se você respondeu menos de cinco "SIM", sua organização está enferma.

TEMA EM DEBATE

Análise da Estratégia de Negócios

Participaram das entrevistas para a discussão deste tema*:

– ANTÔNIO CARLOS VIDIGAL, PROFESSOR DE GOVERNANÇA CORPORATIVA DO IBMEC.

– ÉDSON BUENO, PRESIDENTE DO GRUPO AMIL.

– GABRIEL STOLIAR, DIRETOR EXECUTIVO DE PLANEJAMENTO E GESTÃO DA COMPANHIA VALE DO RIO DOCE (CVRD).

– HELOÍSA LEITE, MESTRE PELO INSTITUTO DE PÓS-GRADUÇÃO E PESQUISA EM ADMINISTRAÇÃO DA UNIVERSIDADE FEDERAL DO RIO DE JANEIRO, COPPEAD/ UFRJ E COORDENADORA DO MBA EXECUTIVO EM SAÚDE.

Crescer ou redirecionar o negócio na área de Saúde é hoje um caminho inexorável para todos os que lidam no ramo. Mas que estratégia seguir? Como definir investimentos e implantar mudanças, principalmente culturais, quando os preceitos anteriores ainda perduram vivos? Como acompanhar as diversas transformações tecnológicas? Que planejamento de marketing deve ser implantado?

Várias empresas que atuam em Saúde – sejam elas pequenas, médias ou grandes – têm enfrentado esses desafios. Na opinião de Édson Bueno, presidente do Grupo AMIL, a quarta

---

* As entrevistas para a produção deste capítulo foram realizadas entre outubro de 2006 e fevereiro de 2007. Portanto, os cargos, instituições e empresas citadas referem-se àquele período.

empresa do segmento, com 1.9 milhão de clientes, deve-se evitar ficar parado e toda a atenção deve estar voltada para o planejamento cuidadoso.

– Nenhuma empresa pode crescer de maneira saudável, por anos seguidos, se não souber exatamente aonde quer chegar. Não há um negócio que não possa crescer. Sempre há espaço para aumentar as vendas com lucro quando se olha para o próprio negócio sob novo ângulo. Devemos formular cenários e fixar variáveis para encontrar estes novos negócios. Em toda operação ou decisão que se pretenda pôr em prática na empresa, tanto operacional quanto de investimento em ativos, é preciso que se tenha noção, ainda que mínima, de suas expectativas de retorno, o que ela deve produzir, no que deve resultar – explica Bueno, considerado um dos principais estrategistas deste mercado.

A importância do planejamento é reforçada pelo presidente da Amil, lembrando que, nos dias de hoje, "nenhum projeto deve ser aprovado se não tiver demonstrado o retorno econômico que poderá carrear para a empresa."

– Qualquer decisão no nosso grupo tem que ter o comprometimento dos executivos e o projeto deve não apenas determinar os custos e benefícios visados, mas também prever o período e em que escala ele deve acontecer. Quando o retorno financeiro esperado não é vantajoso no curto prazo, é importante também destacar no resumo do projeto que benefícios ele trará para o grupo a médio e longo prazos.

O executivo ressalta que essa equação tem ingredientes muito delicados a serem considerados no caso da Saúde: seres humanos estão envolvidos. Bueno frisa que, lidando com vidas, a análise deve ter em conta que os resultados são subjetivos. "O resultado de salvar e melhorar as vidas das pessoas não tem preço, embora a Medicina e toda a infra-estrutura para alcançar estes objetivos tenham." Assim, tudo deve ser feito pelo cliente.

– Só não podemos quebrar a empresa. Depois dessa equação, analisamos os lucros e reinvestimos no nosso próprio negócio. Sempre em saúde. Estamos convencidos de que a melhor maneira de incentivar as pessoas é estabelecer metas ambiciosas e premiar aqueles que as alcançam. Definimos os objetivos relativos a crescimento, faturamento, satisfação do cliente, finanças e orçamento. São objetivos ambiciosos, mas alcançáveis.

"O resultado (...) só aparece com paixão, dedicação, conhecimento e foco."

Uma das principais preocupações do presidente do Grupo AMIL é com o papel social da empresa, seja na geração de empregos, seja na melhoria das condições para os pacientes. "Na AMIL, invisto muito na capacitação das pessoas, quero que estudem e cresçam. Todos os 12 mil colaboradores do grupo são treinados com o objetivo de alinhar os processos, estratégias e práticas para o atendimento de pessoas." Há 16 anos foi lançada a Universidade Corporativa (UC), com o objetivo de investir constantemente no desenvolvimento dos profissionais. A UC é a responsável por uma série de cursos, eventos, *workshops*, programas de imersão e palestras, tanto para colaboradores internos quanto para os externos.

O resultado, diz Bueno, só aparece com paixão, dedicação, conhecimento e foco. "As metas são atingidas quando sabemos aonde queremos chegar e quando estamos comprometidos com aquilo que fazemos. Mas o grande segredo mesmo está nas pessoas. No Grupo AMIL, conseguimos reunir colaboradores que realmente acreditam em tudo o que valorizamos. E que, por isso, conseguem colocar em prática todas as nossas idéias. São pessoas lutadoras, talentosas e, acima de tudo, humanas. O mapa da mina para nós é oferecer inspiração e condições para que esse grupo de profissionais possa fazer sempre o melhor."

Marketing é relevante, avalia o presidente do Grupo AMIL, principalmente para grupos de porte. "É uma questão de mercado, de volume. Mas não é tudo", destaca Bueno. A AMIL investe cerca de 2% ao ano neste tipo de campanha. Ele acredita, no entanto, que daqui para a frente o setor tem um desafio importante nesta seara: fazer muito mais marketing social do que apenas da marca e dos serviços. "Nós, por exemplo, estamos patrocinando exames gratuitos para jovens que podem ter pequenos problemas de visão atrapalhando a compreensão das matérias na escola."

No caso da absorção de tecnologia cada vez mais arrojada no setor, o executivo avalia que este é um caminho sem volta. "A tendência no mundo todo é esta. Temos que garantir acesso à tecnologia de ponta para os planos de maior complexidade e o máximo para aqueles planos mais populares, na medida da viabilidade econômica. É relevante destacar que estamos lidando com vidas. E, neste sentido, todo esforço vale a pena."

O professor de Governança Corporativa do IBMEC, Antônio Carlos Vidigal, com a experiência da carreira brilhante de dirigente de grandes empresas e depois como conselheiro, concorda com o presidente da AMIL quanto à especificidade do ramo de Saúde, por lidar com vidas. "A Medicina poderia ser mais humanizada. Lidando o dia inteiro com dezenas de doentes num hospital, os médicos tendem às vezes a tratar os doentes como objetos, esquecendo o componente humano. Pensam apenas nos aspectos físicos, sem lembrar que estão lidando com seres emocionais, e que estão passando por um momento de fragilidade."

Ele destaca que mesmo empresas de menor porte e familiares podem perfeitamente seguir os mesmos padrões de outras maiores em matéria de gestão, estratégia e metodologia que busque a transparência.

– Sempre recomendei que qualquer empresa instalasse um modelo de Governança Corporativa, com a criação de um Conselho. O Conselho de Administração, conforme criado pela lei das S. A., só é obrigatório para as empresas de capital aberto, mas as S. A. fechadas, as familiares e mesmo as Limitadas podem se beneficiar desse sistema. Eventualmente esse Conselho pode ser chamado de Conselho Consultivo, já que, se for uma Limitada, ele não tem poder legal, mas o benefício de aconselhamento e supervisão é muito grande.

O coração da Governança Corporativa, frisa Vidigal, é o Conselho de Administração. Acima dele estão os acionistas, que se fazem representar na Assembléia Geral anual, e o Conselho Fiscal. Reportando ao Conselho está o executivo-chefe e a Auditoria Externa. Se esta terminologia passou a ser um assunto "da moda" nos últimos anos em termos de Administração de Empresas, não significa necessariamente que poderá simplesmente sumir como já aconteceu com outros conceitos recentes, a exemplo do *brainstorming*, do "gerente minuto", da "administração por objetivos", e da "qualidade total". O executivo lembra que a Governança Corporativa sempre existiu desde que foi criada a primeira *corporation* na Inglaterra, por volta de 1650. "Trata-se apenas do sistema de governo na empresa. A novidade dos últimos 15 anos é a percepção de que a Governança nas empresas andava muito ruim, permitindo os abusos que levaram a grandes escândalos. Supondo que os abusos sejam cerceados, e que o modismo passe, a Governança Corporativa continuará sendo um instrumento de gestão essencial."

Os funcionários engajados em todo esse processo são determinantes, afirma Vidigal. E a arte de contratar também faz muita diferença. Ao estudar o caso do Laboratório Fleury, de São Paulo, percebeu um destes segredos: os diretores mantiveram a ligação com a universidade, como professores, e assim sabiam quem eram os melhores alunos e os recrutavam. Na falta disso, sugere o professor do IBMEC, um bom programa de estagiários e internos permite avaliar e treinar os jovens mais promissores. "Quanto a dispensar, é sempre uma tarefa difícil, mas da qual não dá para fugir. Quando tem de ser, é criar coragem, chamar a pessoa e falar com franqueza, sem rodeios."

Case da Vale do Rio Doce Reforça Importância do Planejamento

Estratégia está intimamente ligada a Planejamento. E se há um executivo que entende deste tema é Gabriel Stoliar, diretor executivo de Planejamento e Gestão da Companhia Vale do

Rio Doce (CVRD), encarregado justamente de consolidar a estratégia e planejar os investimentos atuais e futuros da segunda maior mineradora diversificada do mundo, com capitalização de mercado de cerca de US$ 68 bilhões e operações espalhadas não só pelo Brasil, como também pela América do Sul, Canadá, Austrália, países da África e Europa, China, Mongólia etc.

Além da diversidade de negócios – atuando em vários nichos da Mineração, além da Logística, Energia e outras participações – e geográfica, há características peculiares no caso da CVRD: como mineradora, interfere muito no meio ambiente e nas comunidades. Mesmo assim, com a estratégia acertada, foi possível crescer e consolidar sua posição no mercado.

No prazo de dez anos, período em que aconteceu a privatização, em maio de 1997, a Vale do Rio Doce, fundada há 65 anos, se multiplicou, fechou novos negócios – como recentemente, com a compra da canadense Inco – e consolidou presença marcante no seleto time das maiores mineradoras do planeta, junto à *Anglo American*, *BHP Biliton* e Rio Tinto. Toda esta verdadeira revolução de gestão não aconteceu por acaso. Stoliar, que fez carreira no BNDES até entrar na Vale, revela que não foi tarefa fácil alcançar esse estágio e que tudo foi resultado de intenso e afinado trabalho de equipe.

– É interessante notar as transformações pelas quais a empresa passou. Em pouco tempo foi privatizada e, em seguida, "abraçada" por um grupo que mudou praticamente tudo. No início houve excesso de centralização do Conselho de Administração. Acredito que no primeiro momento isso foi importante para todos perceberem que a Vale havia mudado de dono. Mas gerou conflitos. Os sócios não decidiam: vamos vender uma participação ou não? Vamos aumentar investimentos ou não?

Estas decisões precisavam ser tomadas no *timing* correto. E, em se tratando de uma das maiores companhias do Brasil e deste segmento, os acertos e erros ganham contornos marcantes.

Em meio a esta crise de identidade, digamos assim, a Vale passou a ser punida pelo preço do mercado. O diretor executivo de Planejamento e Gestão conta que era preciso definir a estratégia: para onde a companhia vai? Em que velocidade? Com que tipo de recursos?

Em março de 2001, veio o descruzamento de ações e um novo grupo – desta vez formado por Bradesco, BNDES, PREVI e outros fundos de pensão – assumiu o controle. "Desde então, em cinco anos, o valor de mercado foi multiplicado por seis vezes", frisa Stoliar. Foi apresentado ao mercado o tripé que até hoje é a base de sustentação de toda a gestão da CVRD: Governança Corporativa, Estratégia de ser uma mineradora global e criação de Modelo de Gestão interna para facilitar a tomada de decisões.

– Não é fácil. Admito que seja difícil. Mas funciona. Há um interesse único de remuneração adequada. O modelo de gestão homogeneíza e mostra como e por que as decisões foram tomadas.

Diante de tudo o que já vivenciou, Stoliar reitera que "transparência foi essencial e sempre será" e que a prestação de contas deve ser feita o tempo todo. "Isto ajudou a reduzir nossa percepção de risco diante do mercado até chegarmos à posição privilegiada de *investment grade*, alcançada em outubro de 2005." Mas este cenário, para funcionar azeitado, depende muito dos funcionários – no caso da Vale, estamos falando de cerca de 38 mil diretos e outros milhares indiretos – e de todos os *stakeholders* envolvidos. Como no dilema da mulher de César, de pouco adiantaria uma empresa procurar demonstrar estas qualidades – Transparência, Gestão profissional etc. – se assim não for percebida pelos diferentes públicos. É preciso ser honesta com todos esses princípios – adverte Stoliar.

– Temos boas condições no mercado, apostamos muito nos nossos funcionários e conquistamos credibilidade. Esta é a chave de nosso sucesso. Os analistas buscam informações e as disseminam no mercado. Nossa imagem é muito positiva junto ao mercado. A Vale foi muito fiel em tudo o que prometeu. Todas as decisões foram tomadas seguindo o modelo de Governança. É claro que pode haver críticas, mas somos respeitados.

Para demonstrar total transparência – e certo que períodos de crise podem ensinar muito –, o diretor executivo de Planejamento e Gestão recorda-se de uma fase de fortes críticas do mercado, quando foi preciso definir a participação – ou não – da Vale em mais investimentos na área de energia. Sem falar também no intenso debate diante de desinvestimentos na área de papel e celulose, gerando cerca de US$ 1 bilhão para o caixa. "Percebemos que teríamos que concentrar esforços." O importante, avalia Stoliar, foi mostrar aos acionistas e *stakeholders* a fidelidade e total transparência. E diante disso, conclui: "Warren Buffet, um dos homens mais ricos do planeta, lembra que é sempre importante olhar como deve ser administrada a empresa, sua situação financeira, se tem um objetivo. Por isso é preciso planejar com eficiência e ter regras muito bem definidas. Isto é bem melhor do que ficar no caminho só do bate-papo."

O fato de ter tomado decisões estratégicas ajudou bastante. Mas também os bons ventos do mercado, principalmente os que sopraram da China (um mercado que cresce sem parar, precisando consumir toneladas de minério de ferro e outros minerais), foram decisivos para tanto sucesso. Stoliar destaca que a Vale se preparou, fez o dever de casa corretamente. "Isso é imperativo!" E também acertou a estratégia: focou no alvo e fez gol. A forte liderança e um time muito alinhado foram ainda decisivos para esta guinada.

O executivo observa que apesar de o termo Governança Corporativa ser mais atual, na verdade, são conceitos bem antigos. Um bom administrador, destaca, precisa entender estes conceitos. "É preciso entender a norma de comando e como se encaixa naquela sociedade e se atende àquela sociedade. E, para não ter conflito, é preciso que em cada lugar estejam muito claras as regras, quem manda e de que modo." No caso de um grupo familiar, diz, quem manda é o dono. Há também modelos descentralizados de comando. Mas Governança, observa o diretor-executivo da CVRD, não é para criar um paradigma e não precisa ser descentralizada.

– O exemplo do Exército é muito bom: quem manda é o general, mas quem atira é o soldado. No entanto, é preciso cooperação e integração, senão não funciona. No caso de uma companhia de mercado aberto, quem tomar uma decisão sozinho estará extrapolando e desrespeitando o contexto.

Mesmo não sendo da área de Saúde, Stoliar frisa que, independentemente do tipo de empresa deste segmento – filantrópica ou não –, é essencial ter um excelente atendimento. E no conceito de Governança, é preciso deixar claro quem manda e como manda.

"No conceito de Governança, é preciso deixar claro quem manda e como manda."

– Neste setor é preciso preservar a Saúde das pessoas e a qualidade de vida. Isso fica mais fácil de ser perseguido com uma organização toda azeitada e correta. Por exemplo, não é possível que um setor não saiba as regras para a compra de remédios. Isto deve ser tudo muito bem qualificado e definido. É preciso ter um processo claro de organização. Irá funcionar bem melhor se estiver tudo bem estruturado: Governança, Estratégia e Modelo de Gestão.

Procura por MBA em Saúde é Bom Termômetro

Um bom termômetro para mostrar a revolução estrutural que o setor de Saúde no Brasil atravessa nos últimos anos é, sem dúvida, a procura por cursos e programas de especialização e, especialmente, o perfil destes profissionais. A professora Heloísa Leite, mestre pelo Instituto de Pós-gradução e Pesquisa em Administração da Universidade Federal do Rio de Janeiro – COPPEAD/UFRJ e coordenadora do MBA Executivo em Saúde, que tem 11 anos de história de sucesso, acompanhou bem este processo.

– A demanda do curso tem se mantido estável, mas o que tem mudado é o perfil da turma, que, além de médicos, tem incorporado cerca de 30% de outros profissionais que atuam na gestão de empresas e instituições de saúde: enfermeiros, administradores, contadores, advogados, fisioterapeutas etc. Além disso, cada vez mais jovens, herdeiros ou não, têm demandado o nosso MBA Executivo em Saúde.

Ela destaca que a aprovação dos candidatos jovens, quando se trata de herdeiros – de modo geral, com pouca experiência profissional –, fica limitada a dois ou três participantes em cada turma. Ainda em relação à mudança de perfil, a coordenadora do MBA Executivo em Saúde do COPPEAD/UFRJ observa ser gratificante verificar que pequenas e médias empresas do setor têm aumentado seu interesse em capacitar seus gestores.

Sobretudo pelo fato de lidar com a vida humana, as empresas do setor deveriam – na opinião da Profª Heloísa – pensar e, na medida do possível, adotar os princípios básicos da Governança Corporativa.

– Se tivermos em mente esse conceito, tal como definido, por exemplo, pelo Instituto Brasileiro de Governança Corporativa (IBGC): "o sistema que assegura aos sócios-proprietários o governo estratégico da empresa e a efetiva monitoração da diretoria executiva", e se acrescentarmos a isso o fato de a governança estar assentada em, principalmente, eqüidade, transparência, responsabilidade pelos resultados e obediência às leis do país, seria o caso de perguntar: que empresa ou instituição rejeitaria a adoção desses princípios?

As boas práticas de Governança, lembra a coordenadora do MBA em Saúde do COPPEAD, devem ser adotadas quando a empresa decide separar o controle acionário da gestão, razão pela qual se torna necessário criar mecanismos eficazes para conciliar o interesse dos acionistas com o comportamento dos executivos.

No entanto, especialmente no setor de Saúde, ainda não há um movimento homogêneo de utilização dessas práticas. Na avaliação da Prof ª. Heloísa, provavelmente, a dificuldade de se encontrar, na área de Saúde, empresas obedecendo às práticas e aos regulamentos relativos à Governança Corporativa se deve ao fato de, em sua grande maioria, estas serem de estrutura familiar, e somente de alguns anos para cá começando a demandar a necessária profissionalização de seus gestores. "Esta é uma realidade mais freqüente no Rio de Janeiro e demais estados brasileiros, comparativamente a São Paulo", onde as estruturas hospitalares, por estarem vinculadas a organizações comunitárias – Einstein, Sírio Libanês, Hospital Alemão Oswaldo Cruz, Beneficência Portuguesa, Hospital Italiano etc. –, precisaram, desde o início de suas atividades, de um maior controle de gestão.

Já se observa, contudo, de acordo com a especialista, a entrada de novos *players* no mercado brasileiro, com a vinda de grupos estrangeiros que têm investido e feito aquisições no setor de Saúde e, com isso, fortalecido alguns grupos que nele já atuavam, o que certamente fará com que o conceito de GC, suas práticas e regulamentos passem a ser discutidos e incorporados, a exemplo do que ocorre em outros setores, pelas empresas de saúde.

Mas como implantar novas estratégias em um setor em que as transformações tecnológicas parecem surgir da noite para o dia? Que *cases* são interessantes para serem estudados? Heloísa Leite diz que o Pró-Cardíaco, o Instituto Nacional de Traumatologia e Ortopedia (INTO), o Instituto Nacional do Câncer (INCA) e a Clínica Perinatal Laranjeiras têm forte preocupação com a incorporação de inovações, além de outras organizações, como a UNIMED-Rio e a AMIL. "Na parte de investimentos em Recursos Humanos, acredito que a AMIL se destaca", opina a professora.

Sem medo de errar, a especialista assegura que, na área de Saúde, não vê a Governança Corporativa culturalmente implantada em toda a sua magnitude. Porém, frisa que este é o único caminho para a competição atual, que ficará ainda mais acirrada daqui para a frente.

– A profissionalização da gestão é ainda incipiente nas organizações privadas de saúde, mesmo porque, até muito recentemente, a quase totalidade dos hospitais no Brasil era pública, com financiamento e gestão sendo feitos por representantes nomeados pelo governo. Na maioria dos hospitais privados, somente agora está se iniciando uma revisão de seus processos. A maioria ainda não sente necessidade de implantar práticas de Governança Corporativa porque são empresas muito familiares. Mas, como algumas estão até querendo ir para a Bolsa de Valores, e para o lançamento de ações é inexorável ter Governança Corporativa, acho que a tendência é de melhoria do padrão gerencial de nossas organizações de saúde. Outro fator que contribui para esse aprimoramento é que alguns órgãos de fomento, como BNDES e FINEP, têm disponibilizado recursos financeiros para a saúde com empréstimos de juros baixos e carências de pagamento. Aí, as organizações de saúde, para poderem se habilitar aos empréstimos, precisam demonstrar suas boas práticas de gestão. Conheço o caso da Sociedade Amigos do Coração, de Niterói (Rio de Janeiro). Eles conseguiram pouco dinheiro, mas, como se trata de uma ONG, foram recursos importantes naquele momento. Porém, é preciso ter muita transparência. Caminhar mesmo para a Governança Corporativa. Quem não se preparar, ficará fora.

> "É preciso ter muita transparência. Caminhar mesmo para a Governança Corporativa. Quem não se preparar, ficará fora."

Um fenômeno interessante, lembra a professora, é a profissionalização na Saúde pilotada por quem não é originalmente do ramo. No Hospital Copa D´Or, por exemplo, há um engenheiro e assim também tem acontecido em outras instituições. Isso não significa que os médicos devam se afastar da Administração Geral das unidades de saúde. Pelo contrário, o médico, por sua visão técnica e sensibilidade humanística, tem muita probabilidade de fazer sucesso na gestão de uma organização de saúde. No entanto, destaca Heloísa Leite, é preciso sempre se preparar. "É perfeitamente possível um médico se tornar um bom administrador. Desde que se prepare para isso. Mas não pode achar que entende de Direito, Engenharia, Administração, que consegue dar conta de tudo. Tem que trabalhar em equipe e, como um técnico de futebol, escolhendo sempre os melhores para o seu time. Hoje, por exemplo, com os avanços tecnológicos, a Engenharia Clínica é muito importante."

Em empresas familiares, é muito comum – destaca ela – haver desalinhamento estratégico da alta administração. "Quem mais nos procura para fazer o curso MBA em Gestão de Saúde é o herdeiro, para assimilar o que há de mais moderno. Porém, é comum ele sofrer resistência do pai ou dos demais empreendedores originais. Neste conflito de gerações, ensinamos que o herdeiro não pode se impor. Ensinamos Comportamento Organizacional e mostramos que, sempre com muita humildade, o herdeiro pode mostrar, friamente, as melhores soluções.

A partir da experiência acumulada, que estratégia Heloísa Leite recomenda para a Saúde: excelência operacional, intimidade com o cliente ou foco no produto?

– Peter Drucker diz uma frase importantíssima: há empresas que se esquecem de que só existem e existirão enquanto houver um consumidor disposto a pagar pelo produto/serviço que elas colocam no mercado. Assim, o mais importante é o cliente avaliar se o serviço é bom. E haverá cliente, mas nunca devemos esquecer que há limitação: a renda. Há necessidade de as classes média e baixa terem acesso à saúde suplementar. No setor privado, a possibilidade de acesso tem melhorado em função de que 80% dos planos de saúde são os chamados "planos empresas", pagos pelo patrão. Dessa forma, um grande conjunto de trabalhadores de classes sociais mais baixas tem acessibilidade e portabilidade de seus planos de saúde, determinando um reposicionamento do mercado e direcionando os investimentos tecnológicos para áreas mais carentes, pois lá essa população poderá utilizar uma rede local com todos os recursos tecnológicos das instituições mais sofisticadas. Não dá para aceitar que Botafogo tenha mais tomógrafos do que muitos países, enquanto a Zona Oeste e a Baixada Fluminense têm dificuldades de acesso a essas incorporações tecnológicas. Todo o sistema de saúde privado brasileiro deverá no futuro estar mais hierarquizado e regionalizado, otimizando assim os seus resultados técnicos e financeiros – diz a professora.

A especialidade de Heloísa Leite é Marketing. E dentro do segmento Saúde, há um mito entre muitos clientes de que atendimento bom é aquele caro. A professora lembra que pesquisas indicam – no mundo todo – que o preço alto significa qualidade. Mas isso não é a única regra. "Infelizmente, os consumidores se dividem com relação a preço. De uma forma geral tem relação, mas é preciso ver os tipos de consumidores. É extremamente racional: ele vai procurar o melhor, já que é a saúde em jogo. No caso de doença, é um consumidor que não quer saber do custo/benefício, não mede esforços e pode agir sem ser racional."

Outro debate atual é como os investimentos em propaganda e marketing são vistos pelos clientes e pelo setor. A especialista lembra que a polêmica existe porque a profissão de médico sempre foi vista como um sacerdócio. Mas há os planos e as agências reguladoras – terceiros – mediando.

Também a Responsabilidade Civil fez com que vários consumidores passassem a entrar na Justiça contra o médico, que, mais temeroso, deixou de acreditar na máxima de que "a clínica é soberana" e passou a se proteger pedindo vários exames. "Só que isso vira um círculo vicioso e tem gerado um desperdício monumental." Esta é a principal razão para, dentro das boas práticas de Governança Corporativa, as instituições de saúde e seus profissionais definirem métricas e implantarem indicadores de performance validados pelas sociedades médicas e que possam assim reduzir os riscos jurídicos.

O Marketing, opina a professora do COPPEAD, não pode ser vilão, mas ela admite que há propaganda enganosa. Ela vê pouca propaganda realmente envolvida com a conscientização, com a promoção da saúde e a prevenção de doenças. "Quem vê pela TV ou no jornal, deseja que o médico peça aqueles exames sofisticados que aparecem nos comerciais e caso o profissional não os prescreva, acha que está sendo enganado. Acredito que o mercado deveria investir em prevenção para estancar o custo."

Outro recurso muito importante e pouco habitual no setor da Saúde são as pesquisas de opinião. As pesquisas com clientes são importantíssimas para o Planejamento Estratégico e as Estratégias de Comunicação, frisa Heloísa Leite. "Mas pesquisa só de folheto não serve. É necessário que se vá fundo. Buscar segmentação e foco é importante para uma organização se diferenciar no mercado. Pesquisa ajuda muito nisso e deve ser feita não só com o cliente, mas também com os seus acompanhantes. E sempre entrevistas de profundidade."

Outra questão importante, lembra a professora, é a falta de hábito do segmento no que se refere a pesquisar os dados disponíveis no IBGE, ANS, FENASEG etc., que muito poderiam ajudar nas tomadas de decisão de novos investimentos na Saúde.

ACREDITAÇÃO

O Reconhecimento da Qualidade na Saúde

> *"Se depois de iniciarmos existirem pessoas que acham que em nossa obra algumas coisas são imperfeitas, elas podem ter certeza que nós encontraremos muito mais imperfeições do que elas."*
>
> Rudolf Steiner

JOSÉ CARVALHO DE NORONHA
Pesquisador do Departamento de Informações em Saúde do Centro de Informação Científica e Tecnológica da Fundação Oswaldo Cruz.

MARIA MANUELA P. C. ALVES DOS SANTOS
Professora Adjunta e Chefe do Departamento de Planejamento e Gestão em Saúde do Instituto de Saúde da Comunidade – UFF.

HELENO COSTA JÚNIOR
Coordenador de Educação do CBA - especialista em Administração Hospitalar.

Os registros sobre a origem da Acreditação nos Estados Unidos identificam como seu principal precursor, em 1910, o doutor e professor Ernest Armony Codman, proeminente cirurgião do Hospital Geral de Massachusetts. O Dr. Codman desenvolveu um trabalho denominado *End Results Systems* (Sistema de Resultados Finais), no qual monitorava e avaliava os resultados dos tratamentos e procedimentos cirúrgicos realizados no hospital, com o objetivo de identificar intercorrências negativas nos processos e, a partir dessa identificação, propor melhorias para garantir a qualidade da assistência prestada. Seu trabalho relacionado com "A Teoria dos Resultados Finais" (*End Results Theory*) foi publicado no livro *Um Estudo sobre a Eficiência do Hospital* (*A Study in Hospital Efficiency*). De seus achados e ações de acompanhamento também se desenvolveram as teorias do que hoje é chamado de Gerenciamento dos Resultados (*Outcomes Management*).

O Dr. Codman também foi um dos líderes do movimento que culminou, em 1913, com a fundação do Colégio Americano de Cirurgiões (CAC), que adota o "Sistema de Resultados Finais" como uma de suas premissas e objetivo, visando a melhoria da qualidade no cuidado prestado nos hospitais americanos. Como desdobramento desse trabalho liderado pelo CAC, foi desenvolvido, em 1917, um conjunto de padrões chamados de *Minimum Standards* (Padrões Mínimos), sendo estes os primeiros padrões com processos de melhoria da qualidade, oficialmente estabelecidos, relacionados com um programa de padronização hospitalar.

Com o reconhecimento e aprovação dos hospitais, em 1918, o CAC realiza as primeiras avaliações com base nos padrões mínimos, abrangendo 692 hospitais, dos quais apenas 89 atendiam aos requerimentos previstos nesses padrões. Passa a ser então estabelecido, oficialmente, o Programa de Padronização Hospitalar. Como conseqüência dessa avaliação considerada preocupante, o CAC consolida a discussão sobre a questão da qualidade hospitalar e inicia o desenvolvimento de novas estratégias para a criação e implantação de padrões de qualidade. Em 1926, é lançado o primeiro manual de padrões.

Com o avanço do programa e a introdução de novos padrões, em 1950, mais de 3.200 hospitais já estavam participando do processo de avaliação, em caráter voluntário, por reconhecer as melhorias advindas com a implantação dos padrões.

Nesse cenário positivo ao programa estabelecido e reconhecendo a necessidade de ampliação e criação de um caráter independente ao programa, o CAC – em conjunto com a Associação Americana de Clínicos, a Associação Médica Americana, a Associação Americana de Hospitais e a Associação Médica Canadense – criou, em 1951, a *Joint Commission on Accreditation of Hospitals* (JCAH), entidade independente, não-governamental e sem fins lucrativos. A missão dessa nova entidade era a provisão de Acreditação, em caráter voluntário.

Em 1952, o CAC oficialmente transfere para a JCAH o Programa de Padronização Hospitalar, que, em 1953, publica o primeiro Manual de Padrões para Acreditação Hospitalar e inicia a oferta de programa de Acreditação nos Estados Unidos.

Em 1959, a Associação Médica Canadense se retira da JCAH, para criar uma agência acreditadora no Canadá.

O programa de Acreditação se desenvolve rapidamente nos Estados Unidos e novos segmentos de serviços de saúde aderem à proposta, sendo o primeiro, em 1969, após o segmento hospitalar, os serviços de longa permanência.

Em 1970, a grande primeira mudança se estabelece no Programa de Acreditação, quando os padrões são redefinidos e passam a estabelecer requerimentos de excelência da qualidade, com a substituição de padrões mínimos por padrões ótimos alcançáveis. Essa mudança propicia também o fortalecimento da cultura da melhoria contínua, uma vez que as instituições passam a estabelecer novos parâmetros de referência da excelência para os processos de cuidado desenvolvidos em seus serviços.

Com a credibilidade e a abrangência alcançadas pelo Programa de Acreditação, o Congresso Americano passa a estabelecer recomendações de que a Acreditação seja estabelecida como pré-requisito para procedimentos de financiamento em programas oficiais do Governo, incluindo o *Medicare* e o *Medicaid*. Alguns Estados Americanos também adotam políticas semelhantes.

Em 1987, outra grande mudança acontece e a JCAH muda de nome para *Joint Commission on Accreditation of Health care Organizations* (JCAHO). O novo nome reflete a expansão dos programas para diversos segmentos de serviços de saúde, incluindo, também, ambulatórios, laboratórios, saúde mental, rede de serviços, *home care*, entre outros. Juntamente com essa iniciativa, a JCAHO faz também uma mudança no processo, introduzindo os conceitos de indicadores de desempenho, reformulando a definição e aplicação dos indicadores gerenciais e adotando os indicadores clínicos no conjunto de padrões para avaliação dos processos de cuidado. Outra característica que passa a ser mais observada no programa é a atividade educativa como tarefa principal da função dos avaliadores, visando a mobilização das instituições e profissionais no sentido da melhoria contínua da qualidade.

"(...) a acreditação é (...) uma alternativa moderna de avaliação do desempenho de serviços de saúde e de aplicação dos preceitos da qualidade."

A Acreditação no Brasil

No Brasil, a proposta de acreditação de serviços de saúde é ainda considerada inovadora, constituindo-se em uma alternativa moderna de avaliação do desempenho de serviços de saúde e de aplicação dos preceitos da qualidade. Assim como ocorreu nos Estados Unidos, onde, na década de 20, coube ao Colégio Americano de Cirurgiões lançar e liderar a idéia da acreditação hospitalar, também no Brasil coube ao Colégio Brasileiro de Cirurgiões (CBC) o papel pioneiro no desenvolvimento da acreditação – em 1986, foi criada a Comissão Especial Permanente de Qualificação de Hospitais.

Já na década de 90, o Brasil passa a conhecer algumas iniciativas regionais relacionadas com a acreditação hospitalar, ainda restrita a algumas entidades, nos estados de São Paulo, Rio de Janeiro, Paraná e Rio Grande do Sul.

Em 1994, o CBC organizou, juntamente com a Academia Nacional de Medicina e o Instituto de Medicina Social da Universidade do Estado do Rio de Janeiro (IMS/UERJ), o Seminário

"Acreditação de Hospitais e Melhoria da Qualidade", que contou com a participação de especialistas internacionais. Como fruto deste Seminário, foi criado pelas instituições organizadoras o Programa de Avaliação e Certificação de Qualidade em Saúde (PACQS), com o objetivo de aprofundar a análise e a implementação de procedimentos, técnicas e instrumentos voltados para acreditação de hospitais e prestar cooperação técnica às instituições de saúde comprometidas com o processo de melhoria contínua da qualidade. O Seminário apontou para três direções principais:

- A criação de uma agência de acreditação não-governamental.

- O desenvolvimento de padrões internacionais e procedimentos para a acreditação de serviços e sistemas de saúde.

- A disseminação de métodos e procedimentos de gerência de qualidade em saúde.

O tema acreditação tem lugar também no Ministério da Saúde, quando, em junho de 1995, foi criado o Programa de Garantia e Aprimoramento da Qualidade em Saúde (PGAQS).

Com a implantação desse programa, foi também criada a Comissão Nacional de Qualidade e Produtividade, da qual faziam parte, além do grupo técnico do Programa, representantes de provedores de serviço, da classe médica, órgãos técnicos relacionados ao controle da qualidade e representantes dos usuários dos serviços de saúde. Esta Comissão ficou responsável pela discussão dos temas relacionados com a melhoria da qualidade do serviço prestado nas instituições de saúde, definindo estratégias para o estabelecimento das diretrizes do Programa.

Como a Acreditação passa a ser de interesse do Grupo Técnico do PGAQS, uma das atividades propostas foi a identificação de metodologias e manuais de acreditação utilizados em outros países, como Estados Unidos, Canadá, Espanha, Inglaterra, assim como aquelas iniciativas já em início de discussão no Brasil.

Em julho de 1997, a Fundação CESGRANRIO promoveu no CBC, em conjunto com as instituições participantes do PACQS, a oficina de trabalho "A Acreditação Hospitalar no Contexto da Qualidade em Saúde", com representantes da *Joint Commission on Accreditation of Healthcare Organizations* (JCAHO) – a mais importante e antiga organização acreditadora do mundo – e convidados internacionais, para discutir e propor metodologias de avaliação de hospitais com base na experiência internacional de acreditação.

Como desdobramento daquele evento, em 1998, foi constituído o Consórcio Brasileiro de Acreditação de Sistemas e Serviços de Saúde – por Protocolo de Cooperação, firmado a 8 de junho – que associa a experiência acadêmica, científica e de formação de recursos humanos da Universidade do Estado do Rio de Janeiro (UERJ) à tradição e à capacidade técnica do Colégio Brasileiro de Cirurgiões (CBC) e da Academia Nacional de Medicina (ANM) e à experiência de avaliação de sistemas sociais da Fundação CESGRANRIO. Pelo mesmo Protocolo, devidamente registrado em 29/06/98, no 2º Ofício de Registro de Títulos e Documentos, os constituintes delegaram à Fundação CESGRANRIO as atribuições que viabilizavam o estabelecido como Constituinte Delegada. Função esta que, a partir de meados de 2002, a UERJ passou a exercer, através do Centro de Estudos e Pesquisas em Saúde Coletiva (CEPESC).

As Entidades de Acreditação no País

Em 2005, tendo em vista a promulgação do novo Código Civil e o crescimento da demanda pelos trabalhos do CBA, os constituintes resolveram criar uma instituição sem fins lucrativos, com os mesmos objetivos desde a criação do CBA, denominada Associação Brasileira de Acreditação de Sistemas e

Serviços de Saúde (ABA), tendo agora como Associados Efetivos o Colégio Brasileiro de Cirurgiões, A Fundação Oswaldo Cruz, a Universidade Federal do Estado do Rio de Janeiro e a Fundação CESGRANRIO. Para preservar sua história e assegurar a credibilidade de seu trabalho, foi mantido o nome fantasia de Consórcio Brasileiro de Acreditação (CBA). Esse novo formato permitiu também que o CBA pudesse, de forma mais adequada, cumprir a missão definida e destinar-se às seguintes finalidades:

- contribuir para a melhoria da qualidade do cuidado aos pacientes nos hospitais e demais serviços de saúde, por intermédio de um processo de Acreditação;
- desenvolver métodos, técnicas e procedimentos em Acreditação de sistemas e serviços de saúde, recorrendo inclusive à experiência acumulada em nível internacional, adequando-os à realidade brasileira;
- desenvolver iniciativas na área de aperfeiçoamento de recursos humanos que viabilizem a adequada utilização e exame dos métodos e técnicas empregados nesse processo;
- reconhecer a qualidade de instituições especializadas e de notório saber no país ou no exterior, mediante a outorga de certificados de Acreditação, isoladamente ou em parceria com outras instituições especializadas, de notório saber na área, nacionais ou estrangeiras;
- desenvolver projetos para a prestação de assessoria e cooperação técnico/científica a instituições de saúde, ensino e pesquisa, governamentais e não-governamentais.

No desenvolvimento de seus trabalhos, o CBA atua em parceria com a *Joint Commission on Accreditation of Healthcare Organizations* (JCAHO). Sua subsidiária, a *Joint Commission Resources* (JCR), trabalha atualmente em mais de 30 países, nos cinco continentes, prestando consultoria especializada. Para o processo de Acreditação foi constituída uma outra subsidiária, a *Joint Comission International* (JCI). Até o momento, já foram acreditadas mais de 107 instituições de saúde no mundo, incluindo países como Alemanha, Dinamarca, Itália, Espanha, Irlanda, Turquia, Filipinas, China, Índia, Emirados Árabes Unidos, Áustria, além do Brasil, onde, em 1999, o Hospital Israelita Albert Einstein em São Paulo foi o primeiro hospital acreditado fora dos Estados Unidos. Acreditado pela *Joint Commission International*.

Ao atuar em associação com a mais experiente organização de acreditação no mundo, o CBA possibilitou, no Brasil, a implantação de uma metodologia já consistente e reconhecida mundialmente. Na atualidade, 11 instituições de saúde já alcançaram essa distinção e reconhecimento de excelência da qualidade, integrando agora um seleto grupo internacional de instituições acreditadas pela metodologia CBA/JCI. Essas instituições são identificadas como importantes e reconhecidas referências em seus respectivos segmentos de serviços, o que passa a ter maior destaque em função do alcance da certificação de acreditação. São as seguintes as instituições acreditadas: Hospital Israelita Albert Einstein (SP), Instituto Estadual de Hematologia – HEMORIO (RJ), Hospital Moinhos de Vento (RS), Hospital Samaritano (SP), Unidade AMIL *Total Care* – Nações Unidas (SP), Unidade AMIL *Total Care* Barra – (RJ), Unidade AMIL *Total Care* Botafogo (RJ), Unidade Hospital do Instituto Nacional de Traumatologia e Ortopedia – MS (RJ), Hospital do Coração (SP), PRONEP (SP) e PRONEP (RJ).

O objetivo da cooperação formalizada entre a JCI e o CBA, através de acordo formal assinado em setembro de 2000, foi oferecer acreditação conjunta, com a emissão de um único certificado de acreditação, evidenciando que a organização satisfaz aos padrões internacionais constantes do Programa de Acreditação Internacional. Permitiu também oferecer serviços relacionados, incluindo educação sobre o conceito e o processo de acreditação, para se chegar à conformidade com os padrões, avaliações em caráter educacional e avaliação para acreditação propriamente dita. Desta forma, o CBA se tornou o representante exclusivo e legal da *Joint Commission International* (JCI) no Brasil, para aplicação da metodologia de Acreditação Internacional.

Visando à adequada garantia e manutenção de todos os aspectos técnicos, científicos e ético-legais envolvidos no processo de acreditação, foi constituído o Comitê de Acreditação, integrado, além dos representantes das entidades constituintes da ABA/CBA, por membros de diferentes entidades representativas de associações de instituições de saúde, associações profissionais e prestadoras de serviços de saúde, sociedades organizadas de usuários, instituições compradoras de serviços de saúde e entidades de ensino e pesquisa em saúde. Este Comitê tem como principais atribuições a discussão, definição e aprovação das políticas, normas técnicas e instrumentos utilizados no processo de acreditação e a decisão final sobre as avaliações de acreditação, respaldado por seu gabaritado elenco de integrantes.

O CBA utiliza no seu processo a tradução fiel dos manuais internacionais, que são elaborados a partir de um Comitê Internacional de Padrões. Esse Comitê tem representantes de países dos cinco continentes, visando à manutenção da aplicabilidade e atualidade do conteúdo e conjunto de padrões definidos em cada manual. Esses manuais são revisados e editados a cada três ou quatro anos, segundo as políticas definidas pelo Comitê Internacional. Atualmente, além do Manual Hospitalar, o CBA já utiliza manuais e processos para Serviços de Cuidados Continuados (longa permanência, assistência domiciliar, reabilitação e cuidados paliativos), Serviços de Transportes Médicos, Ambulatórios e, ainda, um processo de certificação de Serviços de Cuidados a Doenças ou Condições Específicas, como diabetes, infarto, insuficiência coronariana, hanseníase, entre outras.

A Criação de uma Organização Nacional

Seguindo esse mesmo movimento, em 1998, foi criada a Organização Nacional de Acreditação (ONA), entidade privada, não-governamental. A ONA foi estruturada com um Conselho de Administração, cuja composição inclui representantes de entidades prestadoras de serviços de saúde, entidades compradoras de serviços de saúde e entidades relacionadas com princípios que regem o direito público, como o CONASS e CONASEMS.

A ONA criou o chamado Sistema Brasileiro de Acreditação, que adotou, inicialmente, o Manual Brasileiro de Organizações Prestadoras de Serviços Hospitalares. Esse manual, baseado em um trabalho desenvolvido para um proposto programa de acreditação de hospitais na América Latina e Caribe, tem o seu conjunto de padrões hierarquizados em três níveis: nível 1: Segurança; nível 2: Segurança e Organização; e nível 3: Segurança, Organização e Práticas de Excelência. Esses níveis do manual condicionam a acreditação da instituição também em três categorias: nível 1: Acreditado; nível 2: Acreditado Pleno; e nível 3: Acreditado com Excelência.

A ONA é a instituição que regula e normaliza o Sistema Brasileiro de Acreditação através da criação e edição de um conjunto de normas chamadas Normas Orientadoras (NO), as quais são discutidas no Comitê Técnico formado por representantes das Instituições Acreditadoras e aprovadas no Conselho de Administração. Para a aplicação dos procedimentos de avaliação das instituições de saúde, a ONA estabeleceu um conjunto de requerimentos e, a partir desses, faz o credenciamento das chamadas Instituições Acreditadoras, que são então responsáveis pela avaliação e certificação direta das organizações de saúde, a partir dos procedimentos definidos nas Normas Orientadoras.

A Metodologia Internacional

A Acreditação Internacional de uma instituição de saúde ou a Certificação de um programa em determinado serviço é um processo que envolve tempo, mobilização de recursos e esforços institucionais significativos. Sabe-se que há um percurso a ser transcorrido desde o momento em que a organização decide buscar a acreditação até o momento em que ela é acreditada.

A inserção de qualquer instituição neste processo deve obedecer a uma metodologia que permita potencializar e mobilizar os esforços institucionais que serão necessários, como o conjunto de profissionais que desenvolvem atividades distintas nos serviços. Por essa perspectiva, a acreditação é uma metodologia que permite a integração de processos de educação e de avaliação baseada em padrões que são referência de excelência na qualidade dos processos de cuidado ao paciente e da gerência da instituição. A experiência adquirida no desenvolvimento deste processo tem demonstrado que este método de busca da melhoria contínua da qualidade apresenta um imenso potencial, no sentido de introduzir nas instituições uma prática de avaliação contínua dos processos diretamente ligados ao cuidado aos pacientes e dos processos gerenciais. Tem revelado também um ótimo potencial de mobilização dos profissionais, incluindo os médicos, na revisão de processos, métodos e prioridades.

Dessa forma, a Acreditação pode ser definida como um processo formal, voluntário e periódico, pelo qual um órgão reconhecido – geralmente uma organização não-governamental – avalia e reconhece que uma instituição de saúde atende a padrões aplicáveis, predeterminados e publicados. Os padrões de acreditação são considerados ótimos e possíveis, e são elaborados para estimular esforços para a melhoria contínua das instituições acreditadas. Uma decisão de acreditação de uma instituição de saúde é feita após uma avaliação *in loco*, realizada a cada três anos, por uma equipe de avaliadores composta

> "Sabe-se que há um percurso a ser transcorrido desde o momento em que a organização decide buscar a acreditação até o momento em que ela é acreditada."

por pares: médicos, enfermeiros e administradores de saúde. A acreditação é um processo voluntário, do qual instituições decidem participar, ao invés de ser decorrente de imposição legal ou regulamentar.

Os padrões da acreditação tratam de vários e diferenciados aspectos relacionados com os processos de cuidado ao paciente e gerência dos serviços. Esse conteúdo dos padrões apresenta aos gestores e profissionais um universo de referências e parâmetros de qualidade, que lhes possibilitam evidenciar, objetivamente, características e atributos definidos para os processos desenvolvidos nos diferentes serviços da instituição. Nesse conjunto, estão incluídos também as leis e regulamentos relacionados com cada segmento ou perfil de serviço avaliado, garantindo que a instituição esteja em conformidade com esses requerimentos legais. Através desses padrões, novos conceitos são introduzidos e se tornam elementos concretos que apóiam a gestão ou o trabalho profissional, seja no segmento clínico ou administrativo. Um importante e novo conceito definido e implementado é o monitoramento contínuo dos processos, a fim de que sejam permanentemente avaliados a partir de metas e resultados predefinidos, assim como preconizado no estudo desenvolvido e publicado, em 1910, pelo Dr. Ernest Codman.

Outro conceito fortemente introduzido é o da Segurança do Cuidado, com aspectos relacionados ao gerenciamento de riscos, incluindo a identificação, notificação e tratamento dos Eventos Adversos. A própria *Joint Commission International* (JCI) criou o Centro Internacional para Segurança do Paciente (www.jcipatientsafety.org), que trata da discussão e publicação de estratégias internacionais voltadas para a prevenção e minimização dos riscos relacionados com a Segurança do Paciente.

Esse movimento, hoje de caráter mundial, está baseado em estudos e estatísticas realizadas e publicadas por organismos de países como Estados Unidos, Canadá, Austrália, Nova Zelândia e do Reino Unido. Nesses países e alguns outros foram criados sistemas nacionais de identificação e notificação de eventos adversos, incluindo erros de medicação, cirurgias em membros ou pacientes errados, infecções não previstas, quedas no leito, suicídios dentro das instalações, entre outros. Os dados apontam números alarmantes, que evidenciam uma fragilidade nas práticas e condutas assistenciais e mesmo administrativas.

Nesse contexto e consoante com sua missão de estimular e desenvolver a melhoria contínua, bem como garantir a segurança do paciente, a JCAHO lidera uma grande campanha, cujo lema é "Salve 5 Milhões de Vidas", que é um número estimado de potenciais ocorrências de eventos adversos em instituições de saúde nos Estados Unidos.

Juntamente com essa iniciativa, a JCI tem difundido e ampliado o alcance do processo de acreditação internacional, com participação em eventos e programas relacionados com a Segurança do Paciente. Como parte desse programa, foram também lançadas as Metas Internacionais de Segurança do Paciente, que apresentam um conjunto de protocolos voltados para minimizar ou evitar a ocorrência de eventos adversos, abrangendo seis categorias consideradas de grande risco, diante das estatísticas disponíveis. Essas metas incluem: 1) a identificação correta do paciente; 2) melhorar a comunicação efetiva entre profissionais; 3) melhorar a segurança quanto ao uso de medicamentos de risco; 4) a eliminação de cirurgias em membros ou pacientes errados; 5) minimizar o risco de adquirir infecções; 6) minimizar o risco da ocorrência de quedas de pacientes. A meta para melhorar a segurança quanto ao uso de medicamentos de risco gerou uma parceria com a Organização Mundial de Saúde (OMS). Preocupada também com o tema, a OMS criou um grupo de trabalho composto por especialistas mundiais sobre o tema, do qual o Brasil participa.

Nesse contexto, a acreditação tem sido uma ferramenta importante e consistente de monitoramento dos eventos adversos. Os padrões da acreditação preconizam ações efetivas de definição e implementação de mecanismos para a prevenção e controle dos mesmos. A responsabilidade atribuída através dos padrões é direta para as lideranças da instituição no gerenciamento desse processo de monitoramento dos eventos adversos. As estatísticas internacionais apresentam o elevado prejuízo técnico e financeiro causado pelo não-monitoramento dos eventos adversos, que pode ser exemplificado pelos dados de 2002-2003 da Agência Nacional para a Segurança do Paciente do Reino Unido (*National Agency for Patient Safety* - www.npsa.nhs.uk), onde são gastos aproximadamente 2 bilhões de libras/ano com dias extras em internações (cerca de seis a oito dias extras).

O Atual Contexto da Acreditação no Brasil

No Brasil, o movimento da Acreditação tem uma história já consistente, com instituições públicas e privadas acreditadas pelas diferentes metodologias disponíveis. O avanço do programa se reflete também nas discussões já iniciadas em importantes entidades responsáveis pelos diferentes segmentos de serviços de saúde.

A Associação Nacional de Hospitais Privados (ANAHP), que congrega instituições hospitalares de alta complexidade e importante participação no setor de Saúde brasileiro, tem hoje, como um dos pré-requisitos para a manutenção de seus associados, a exigência da Acreditação, reconhecendo nessa metodologia uma premissa fundamental para a garantia da qualidade e segurança de seus serviços. A própria Agência Nacional de Saúde Suplementar – ANS tem participado de fóruns de discussão e incentivado a disseminação da Acreditação como um diferencial de qualidade.

Mais recentemente, o Ministério da Saúde criou Grupo Técnico de trabalho e discussão sobre qualidade e discute a criação de uma Política Nacional de Qualidade Hospitalar, por meio da Secretaria de Assistência à Saúde (SAS). Uma das bases de sustentação das diretrizes dessa política, já apresentadas no termo de referência, são os conceitos, princípios e os processos de aplicação da metodologia de acreditação; também diversas instituições acadêmicas têm incentivado estudos sobre o tema, entre elas o Instituto de Medicina Social da UERJ e o Departamento de Informações em Saúde do Centro de Informação Científica e Tecnológica da Fundação Oswaldo Cruz.

Essas iniciativas apontam para uma consolidação da metodologia, juntamente com um reconhecimento pelo valor agregado a partir de sua utilização. Outro componente que necessita ainda ser trabalhado, como parte do processo de acreditação, diz respeito ao entendimento e reconhecimento pelo conjunto dos financiadores e operadores de planos e seguros de saúde. Mesmo com a iniciativa de apoio da ANS, a acreditação não é uma estratégia ou iniciativa definida ou proposta para a adoção dessa certificação como um "diferencial" para o pagamento dos serviços contratados ou credenciados. Cabe relembrar que, na prática americana, a acreditação é um dos componentes ou pré-requisitos para algumas fontes de financiamento, mesmo no âmbito federal. Algumas operadoras de seguro saúde têm participado do processo de forma indireta, em discussões ou eventos que abordam o tema acreditação e até têm buscado a certificação de unidades que compõem suas redes de serviços próprios.

Outro desafio a ser incluído nessa jornada de construção de um Programa de Acreditação no Brasil passa pela sensibilização e participação da sociedade em geral, acerca dos benefícios advindos desse processo. Construir a cultura junto aos usuários dos serviços de saúde para reconhecer e valorizar uma instituição acreditada será uma necessidade, para consolidar essa metodologia que muito contribui para a melhoria da saúde pública, mesmo quando instituições privadas são o objeto da certificação. Como já acontece em outros países, a sociedade busca essa garantia de qualidade e segurança, identificando os certificados de acreditação.

Assim poderá ser a realidade das instituições acreditadas, que terão não só o reconhecimento dos seus usuários, mas principalmente dos pagadores de serviços, sejam públicos ou privados, configurando um novo patamar de referência de excelência em qualidade para os serviços de saúde.

A Importância da Acreditação para a Governança Corporativa

A acreditação é, até pelo que já foi apresentado, um instrumento poderoso de gestão da corporação. A experiência já adquirida no processo, junto às instituições acreditadas, demonstra a construção de novos conceitos de gestão, que passam essencialmente pela coordenação e integração das responsabilidades e atribuições das diferentes esferas de gestão da organização: Governo, Liderança e Direção.

A partir da redefinição e/ou construção dos modelos de gestão, essas organizações têm se deparado com novos paradigmas que impõem a adoção de estratégias eficientes e eficazes, capazes de garantir a sobrevivência empresarial em um mercado cada vez mais competitivo. A acreditação impõe, através de seus padrões, a introdução de novas modalidades, que podem ser descritas por três exemplos: Gestão de Processos, Gestão por Competências e Gestão de Resultados.

Esse desafio de vencer paradigmas se torna mais complexo na gestão de instituições de saúde, em função da natureza e das especificidades desse ramo de negócio. A profissionalização e a adoção de estratégias empresariais são também novos paradigmas para os gestores de saúde. As competências e atribuições exigidas para o gestor de saúde ultrapassam largamente aquela realidade de que um bom profissional de saúde, em geral o médico, pode, por sua essência de formação e experiência clínica, gerir serviços ou instituições de saúde. A profissionalização propicia o conhecimento sobre técnicas e procedimentos gerenciais necessários para gerir corporativamente

> "A acreditação é (...) um instrumento poderoso de gestão da corporação."

um conjunto altamente diversificado e complexo de serviços que compõem uma instituição de saúde. Competências para gerir recursos humanos, técnicos, financeiros, logísticos, de suprimentos, de informação, entre outros, não são adquiridas nos cursos de medicina, enfermagem, nutrição etc. Essas competências são adquiridas na formação profissional especializada, voltada para a formação de gestores e mais especificamente de gestores de saúde, o que já é uma realidade no cenário brasileiro. E nessa nova formação profissional, a acreditação tem sido parte integrante e importante das grades curriculares, por ser reconhecida e entendida como uma ferramenta de gestão, baseada numa avaliação permanente que permite monitorar o desempenho institucional e criar bases para comparações entre instituições acreditadas com os mesmos padrões de qualidade.

Nesse caminho de sucesso da acreditação têm se colocado aquelas instituições de saúde que já trilhavam a busca da excelência da qualidade. No grande universo de instituições de saúde existentes no Brasil, ainda se identifica um número pequeno de organizações acreditadas, mas que já denota claramente os importantes benefícios e resultados alcançados na gestão e na assistência prestada a seus pacientes. Como já citado, 11 instituições de saúde já são acreditadas pela metodologia desenvolvida pelo CBA/JCI no Brasil, o que também exprime o papel de destaque que a acreditação alcançou, quando essas instituições publicamente apresentam os seus resultados.

Caracterizada por essa vanguarda em sua administração, a PRONEP já é detentora dessa certificação; após um período intenso de trabalho e adequação aos padrões internacionais, alcançou o título em abril de 2007. Como o processo de acreditação Internacional deve obrigatoriamente ser renovado a cada três anos, durante os quais a instituição participa de um programa de manutenção, conforme preconizado nas políticas internacionais do CBA/JCI, a PRONEP inicia um novo, difícil, mas importante ciclo da excelência da qualidade, agora testado e aprovado em nível internacional.

Aos gestores da PRONEP e de todas as demais instituições acreditadas, apresenta-se um desafio mais complexo, pois agora têm maior compromisso e comprometimento com a excelência atestada. Todos os seus esforços e competências deverão ser direcionados para um novo patamar de exigências, que será monitorado por seus clientes e até mesmo financiadores. No entanto, é claro que esse desafio da Gestão Corporativa se torna mais factível a partir da implantação efetiva do Programa de Acreditação e de todos os seus conceitos, princípios e processos.

TEMA EM DEBATE

Acreditação Internacional

O fórum "O caminho da qualidade na saúde – A certificação pela Acreditação" foi realizado pela PRONEP em 22 de novembro de 2006, no auditório do Centro de Estudos da Casa de Saúde São José, no Rio de Janeiro. Teve como moderadores a gerente de Qualidade da PRONEP, Márcia Gomes Braz, e o diretor regional da PRONEP São Paulo, Franco Cavaliere, e contou com a participação de*:

— **André Gall**, diretor administrativo da Casa de Saúde São José – RJ.

— **Ary Ribeiro**, diretor executivo do Hospital Pró-Cardíaco – RJ.

— **Bernadete Weber**, superintendente do Hospital Moinhos de Vento, de Porto Alegre.

— **Heleno Costa Júnior**, coordenador de Operações do Consórcio Brasileiro de Acreditação (CBA).

— **Maria Manuela P. C. Alves dos Santos**, superintendente do Consórcio Brasileiro de Acreditação (CBA).

— **Reinaldo Rondinelli**, diretor do Hospital II do Instituto Nacional do Câncer (INCA) – RJ.

Para as instituições, não há mais dúvidas de que a acreditação é a melhor trajetória para a implantação de processos de qualidade de padrão internacional na área de Saúde

---

* O fórum "O caminho da qualidade na saúde – A certificação pela Acreditação" foi realizado em 22 de novembro de 2006. Portanto, os cargos, instituições e empresas citadas referem-se àquela data.

e que esse deverá ser o rumo que toda organização prestadora de serviço neste setor deverá seguir para sobreviver em um mercado cada vez mais competitivo e que atende a um público cada vez mais consciente e exigente. Entidades como a Agência Nacional de Saúde (ANS) e o Sindicato dos Hospitais, Clínicas e Casas de Saúde do Município do Rio de Janeiro (SINDHRIO) têm ratificado essa tendência em seminários e apresentações, numa demonstração de que o processo é inexorável.

No entanto, a sua implantação torna-se um desafio dos mais complexos, devido à teia de envolvidos em todo o processo, já que algumas instituições empregam milhares de pessoas, possuem centenas de fornecedores e colaboradores, cuja qualidade na prestação de serviços é fundamental para assegurar a tão almejada excelência. Outro desafio que se impõe é: como mensurar os ganhos em um setor cujo resultado financeiro não é o único fator a ser levado em conta?

Para dividir experiências e debater essa enorme quantidade de desafios, a PRONEP organizou, em 22 de novembro de 2006, no auditório do Centro de Estudos da Casa de Saúde São José, no Rio de Janeiro, o fórum "O caminho da qualidade na saúde – A certificação pela Acreditação", que contou com a participação do diretor executivo do Hospital Pró-Cardíaco, Dr. Ary Ribeiro; do diretor da Casa de Saúde São José, Dr. André Gall; da superintendente do Hospital Moinhos de Vento, de Porto Alegre, Dra. Bernadete Weber; do coordenador de Operações do Consórcio Brasileiro de Acreditação (CBA), Dr. Heleno Costa Júnior; da superintendente do Consórcio Brasileiro de Acreditação (CBA), Dra. Maria Manuela P. C. Alves dos Santos; e do diretor do Hospital II do Instituto Nacional do Câncer (INCA), Dr. Reinaldo Rondinelli.

Para o Dr. Josier Vilar, diretor da PRONEP, que organizou o evento enquanto ainda estava na fase de conclusão da acreditação internacional de sua empresa por parte da *Joint Commission for Acreditation*, "quanto maior for a instituição, mais difícil será a implantação de processos de qualidade em serviços."

– Perseguir qualidade para 1.500 ou 2 mil pessoas é diferente de perseguir para 400 ou 500 pessoas. Você multiplica pelo número de pessoas o número de dificuldades que você tem para conseguir caminhar nessa estrada da qualidade no dia-a-dia. A construção da estrada da qualidade não tem fim. A certificação não pode existir somente para se colocar um certificado na parede com o objetivo apenas de promover a idéia de contratos melhor remunerados. Precisamos de um certificado de qualidade para lembrar às pessoas que trabalham em nossa organização que esse é o caminho que pode ser construído para se obter resultado eficaz naquilo que fazemos. Tudo que fizermos com mais eficácia, trará realmente um resultado melhor, seja econômico, financeiro, administrativo ou técnico – salienta o diretor.

Ele lembra que a PRONEP já vinha fazendo a mensuração dos resultados financeiros e administrativos com implantação de orçamento e avaliação de desempenho, mas faltava medir corretamente a atividade-fim. Foi isso que levou a organização a iniciar, dois anos antes, o processo de acreditação.

– Esperamos que, brevemente, ao recebermos a visita da *Joint Commission for Acreditation*, já tenhamos números convincentes para que os avaliadores dessa organização acreditadora possam afirmar: "Vocês estão medindo da forma certa, estão com os indicadores adequados para aquilo que vocês resolveram medir". Então, teremos um grupo qualitativamente diferenciado em nosso país e poderemos apresentar um modelo de assistência domiciliar com padrão de qualidade internacional – destaca.

Para o coordenador de Operações do Consórcio Brasileiro de Acreditação (CBA), Heleno Costa Júnior, uma das maiores dificuldades enfrentadas pelas instituições, independentemente do tamanho ou complexidade dos serviços oferecidos, são as questões de estrutura, que causam sempre imensos impactos nas organizações. Ele cita como exemplo a questão da segurança do ambiente, que está relacionada não somente a aspectos administrativos, como também aos cuidados dispensados ao paciente.

O que mais chamou a atenção de Costa Júnior, em nove anos de experiência no CBA, foi o desconhecimento que muitas instituições demonstraram a respeito da Resolução 50, normativa para questões de segurança e diretriz máxima da Agência Nacional de Vigilância Sanitária (Anvisa), que trata de questões como construção, ampliação e reforma dos estabelecimentos e serviços de saúde no Brasil.

– A Resolução 50 é um conjunto de regulamentos que deve ser seguido pelas instituições, mas muitas vezes os profissionais não têm conhecimento dessa resolução. E quando se fala em segurança, os ambientes críticos não podem ficar esquecidos, como centros cirúrgicos, unidades de terapia intensiva, onde há pacientes em respiradores artificiais que não podem ser expostos a situações de risco. Assim, um dos grandes desafios nas unidades de saúde avaliadas é a implantação de modernas e seguras rotas de fuga, em caso de incêndio ou outras situações emergenciais – aponta Costa Júnior.

E como envolver todas as partes na acreditação? Ele reforça que este é um processo de todos, inclusive dos parceiros.

– Em geral, encontramos dificuldades não em função do prestador, e sim por conta de um não-controle, de uma não-adequação, de uma supervisão administrativa da própria instituição em relação àquele prestador. Encontramos situações inclusive graves em algumas instituições – observa.

O coordenador de Operações do CBA cita o exemplo de uma instituição que tinha um serviço de radiologia onde quem aplicava os contrastes eram pessoas administrativas, que nem sequer eram da área de enfermagem. Não sabiam que existe uma legislação obrigando que apenas técnicos possam fazer esse tipo de trabalho. "A própria instituição não fazia nenhuma supervisão sobre esse tipo de trabalho desse prestador de serviço. Era uma relação de 'você faz e fatura'. Mas, na realidade, o que se faz no programa de acreditação é incorporar esses agentes, esses prestadores, dentro do programa de qualidade, e aí você começa a perceber mudanças de atitudes nesses parceiros, na medida em que eles vão se beneficiar inclusive dos resultados do processo de acreditação."

Costa Júnior cita como bom exemplo o caso da PRONEP – um grande desafio, em função do tipo de vinculação, com uma grande quantidade de prestação de serviços. "Mas também foi uma realidade que a gente encontrou muito forte e presente dentro de todas as instituições em que trabalhamos. Em um determinado ponto, essa situação passa por um momento decisório, porque existem parceiros e parceiros, se a gente for avaliar no aspecto da relação e também no da qualidade da prestação dos serviços que são oferecidos."

Ele conta que muitas vezes esses parceiros procuram o CBA, para que também possam ser acreditados. No entanto, ainda não há um cabedal de manuais que atenda a todos os tipos de serviços. A instituição é acreditada como um todo, independentemente de ter serviços terceirizados, prestadores de serviço ou fornecedores. Assim, se existe prestação de serviço naquela instituição, pode-se mantê-la, com a adequação aos padrões da acreditação. Assim, em geral, as instituições têm mantido seus parceiros, fazendo com que possam absorver esses conceitos de qualidade e também da instituição. Passa a existir maior controle, com uma supervisão efetiva, incluindo a mudança dos contratos.

– Hoje, as instituições acreditadas têm cláusulas contratuais relacionadas com o controle de qualidade; muitas das vezes os indicadores que o manual internacional define são relacionados com áreas de laboratório e radiologia, que, na maioria das vezes, são serviços terceirizados. Este é um ganho que o terceiro – o parceiro – acaba tendo. Há uma mudança no conceito da responsabilidade e do controle da instituição sobre o seu parceiro.

O diretor do Hospital II do INCA – RJ, Reinaldo Rondinelli, trabalha em um prédio antigo, construído em uma época em que não existiam exigências como as atuais. Ele conta que,

"A instituição é acreditada como um todo, independentemente de ter serviços terceirizados, prestadores de serviço ou fornecedores."

para adequar a instituição a um padrão de conformidade compatível com um processo de acreditação, desde 2003, o Departamento de Engenharia e Planejamento Estratégico do Inca fez uma programação de investimentos que vai até 2010 para todas as unidades do hospital, localizadas em cinco endereços diferentes, o que dará condições de adequá-las ao que determina a legislação brasileira.

– A primeira parte dessa adequação da estrutura, um anexo da unidade hospitalar, foi inaugurada recentemente, e está toda dentro da norma RDC 50. O anexo compreende a central de quimioterapia, uma parte da unidade ambulatorial e uma unidade para os pacientes externos que foi toda feita dentro da adequação. No restante da estrutura, temos realizado um imenso esforço, usando de criatividade para adaptar o que temos e atender às normas de segurança necessárias. Temos que estar preparados para qualquer eventualidade. Não podemos descobrir, no meio de um incêndio, por exemplo, que a rede de oxigênio não consegue fazer um desligamento segmentar, excluindo a área onde o fogo está ocorrendo – alerta ele.

As dificuldades foram muitas para a implantação de um processo inovador como este e ainda cuidar do dia-a-dia. "Não dá para trocar a asa do avião em pleno vôo, senão o avião cai. É muito difícil manter a motivação das pessoas para desenvolver seus trabalhos no dia-a-dia e, ao mesmo tempo, também participar desse processo de hoje, de acreditação", avalia Rondinelli.

Ele relata que, hoje, no INCA, há dois grandes projetos para tocar: um é o projeto de Humanização, que faz parte do Programa Nacional de Humanização do Governo Federal, e o outro é o processo de acreditação. "Estamos tentando conciliar isso, fazendo sempre um *link* da humanização com a acreditação."

Na fase inicial do processo de acreditação, lembra-se o médico, não havia o respaldo de um profissional com perfil adequado para tratar dessa questão da qualidade. "Então foi uma primeira fase muito difícil. Tínhamos que fazer as atividades de dia-a-dia do hospital, sem uma coordenação para a acreditação." Já na segunda fase, o INCA contou com um profissional com aquele perfil, que tocou esse processo como coordenador principal. "Acredito que o maior valor que se pode tirar é o comprometimento dessas pessoas com a qualidade, com o envolvimento no processo."

O diretor do Hospital II do INCA recorda-se ainda de uma história que ilustra bem o significado deste comprometimento. Em 1999, o teto do antigo ambulatório da unidade desabou. Choveu muito e o telhado caiu.

– Chegamos ao hospital às 8 horas e tínhamos em torno de 600 pacientes para serem atendidos naquele momento. Como a gente vai fazer isso? Porque desmarcar uma consulta no consultório particular é fácil, mas desmarcar no serviço público é complicado. Muito complicado. Tem gente que vem de longe, de Parati, de Angra dos Reis, de vários lugares do interior do estado do Rio de Janeiro. É uma dificuldade.

Rondinelli entendeu o comprometimento dos funcionários quando eles foram lhe dar um recado: "O senhor não desmarca nada. O senhor dá uma hora para a gente que, em uma hora, nós vamos conseguir um lugar para o ambulatório". Conclusão: uma hora e meia depois, já estavam todos em um local provisório, atendendo e mantendo o padrão de atendimento.

– Esta motivação que a gente tenta despertar nas pessoas para que se envolvam é importante, mas, no nosso caso, é muito difícil porque, além do processo de acreditação, temos as atividades do dia-a-dia. No nosso caso, isto é muito complicado, pois tratamos pacientes com câncer. Não temos lá uma hérnia para operar, não temos uma vesícula para operar. É câncer. O dia-a-dia é câncer. E é sempre muito triste porque o perfil do nosso hospital é mais voltado para ginecologia. O público atendido é formado por mulheres jovens e é um sofrimento muito grande. Geralmente são as mulheres que são as responsáveis pela família, estão sozinhas, com filhos, são jovens e com uma doença grave. É uma tristeza ver isso. Mas isto, ao mesmo tempo, mantém a motivação de todos.

Decisão Estratégica

Iniciar o processo de acreditação é uma decisão estratégica para as organizações, que percebem claramente que, quanto antes aderirem a práticas de qualidade, mais rapidamente conseguirão visibilidade para os serviços oferecidos a seus pacientes e instituições afins. No caso do Pró-Cardíaco, contribuiu para a iniciativa o fato de o hospital pertencer ao SINDHRIO, que vem indicando o caminho da acreditação como padrão de qualidade para seus associados, e à Associação Nacional dos Hospitais Privados (ANAHP), que definiu como precondição para que seus associados permanecessem como membros, que passassem por algum processo de acreditação.

> "Iniciar o processo de acreditação é uma decisão estratégica para as organizações (...)"

O diretor executivo do Hospital Pró-Cardíaco – RJ, Ary Ribeiro, afirma, porém, que a principal motivação foi a percepção dos acionistas de que a complexidade do ambiente e da própria organização exigia uma reorganização de seus processos internos, e essa era uma ferramenta reconhecidamente adequada para isso.

"Tratamos o projeto e o processo de acreditação como um meio e não como um fim. Como uma ferramenta de rever processos, de otimizar processos, de estabelecer prioridades, alinhar estratégias. De parar, pensar e definir os caminhos para o futuro", acredita.

Em viagem aos Estados Unidos, em 1998, o diretor administrativo da Casa de Saúde São José – RJ, André Gall, tomou contato pela primeira vez com a certificação de qualidade através da acreditação e percebeu que era apenas uma questão de tempo aquela cultura, já muito forte entre as instituições americanas, vir para o Brasil. Mas o processo de acreditação iniciado pela Casa de Saúde, via *Joint Commission for Acreditation*, através do CBA, teve que ser interrompido em 2001, quando perceberam que havia a necessidade de se fazer uma grande reestruturação em termos organizacionais, comerciais e estruturais, antes da implantação do processo de qualidade nos moldes da acreditação.

– Foi uma decisão traumática na época, mas necessária. Em 2003, ao traçarmos o nosso planejamento estratégico, contemplamos a acreditação de uma maneira muito forte. Reiniciamos então o nosso processo, já seguindo a acreditação pela ONA, pela necessidade de fazer com que a Casa de Saúde São José se destacasse no difícil segmento Saúde através da qualidade de seus serviços. Isso nos permitiu a criação de uma nova cultura empresarial, com mudança de comportamento de todos os envolvidos em nossa estrutura – relata ele, prosseguindo:

– Outra dificuldade enfrentada pela Casa de Saúde São José foi a mudança no comportamento das pessoas. Em nossa opinião, o certificado na parede traduz o seguinte: essa instituição tem cultura de acreditação. As pessoas aqui seguem essa cultura. Não é só um certificado na parede. Tivemos muitas dificuldades junto às organizações sanitárias para adequar uma estrutura de 83 anos aos padrões regulatórios atuais, mas estamos conseguindo – garante.

Cumprida a estratégia interna e obtida a acreditação, no nível 1 da ONA, a Casa de Saúde São José estendeu sua estratégia para os prestadores de serviço, que tiveram que aprender que um hospital certificado preocupa-se, entre outras coisas, com custo, qualidade, segurança, e que esta é uma forma de garantir a sobrevivência em um mercado tão complexo.

Avaliação dos Resultados

Os ganhos obtidos após a adequação aos padrões de acreditação já são percebidos pelas instituições, como a adesão de grupos médicos de referência em suas especialidades, por exemplo, que vêm em busca de qualidade assistencial e de uma estrutura que prioriza não só o manejo de seu trabalho, como também a geração do conhecimento e o crescimento profissional, como lembra a superintendente do Hospital Moinhos de Vento, Bernadete Weber. No entanto, ressalva, alguns indicadores ainda não são percebidos como qualidade.

– Dizer ao cliente que o nosso índice de infecção é menor, não quer dizer nada para ele. Mas esse ainda é um crédito que temos em relação aos grupos associativos, de poder explicitar os diferenciais de qualidade que há no processo de acreditação. Em relação ao mercado, hoje as operadoras de planos de saúde ainda não colocam na mesa de negociação esse fator, mas utilizam a certificação e o credenciamento dessas instituições certificadas na sua venda. Mas ainda temos uma caminhada de competência a seguir, até que o mercado possa vender as instituições acreditadas como um diferencial – observa ela.

A superintendente do CBA, Maria Manuela, ressalta que é importante ter em mente que o setor possui características que impedem que ele seja administrado como qualquer outra área de negócio, pois trabalha com vida e morte a cada ação.

– Isso muda tudo em qualquer empresa na área de Saúde. Nos últimos oito anos, temos visto que os hospitais que aderiram à acreditação têm percebido claramente um resultado diferenciado. A acreditação é um processo voluntário de avaliação externa focado em resultados. Quando digo focado em resultados e não falo de estrutura, não estou dizendo que a estrutura não é avaliada. Ela é avaliada, mas dentro dos processos e dentro dos resultados. Para nós, o fator mais importante são as pessoas e, portanto, o resultado do trabalho que elas fazem – destaca.

Para a superintendente, os resultados podem se medir de diversas maneiras, pois a acreditação é mais que uma ferramenta para este fim: ela utiliza todas as ferramentas das teorias da qualidade e agrega alguns fatores para tornar o negócio na área da Saúde mensurável. Como a acreditação avalia o processo como um todo, faz, segundo ela, uma grande diferença dentro das estruturas da instituição.

– Quando a avaliação é feita por partes, se o almoxarifado é avaliado, é óbvio que o resultado final dessa avaliação não atenderá às demandas de qualidade do cuidado ao paciente,

"Para nós, o fator mais importante são as pessoas e, portanto, o resultado do trabalho que elas fazem."

porque o setor não foi avaliado como parte integrante de um sistema de logística operacional da instituição. Se é utilizada a metodologia da acreditação, todos os setores que se relacionam com o almoxarifado passam a ser também avaliados e medidos. Na área da Saúde, até a introdução da acreditação, há cerca de dez anos, ninguém media resultados. O que se media eram "impressões", "achismos". Eram achismos de que fazemos bem, de que somos bons, de que temos qualidade – diz a superintendente do CBA.

Segundo ela, as empresas que se candidatam a um processo de acreditação costumam recebê-la afirmando que são muito boas e fazem tudo muito bem. Em seguida, a superintendente costuma fazer três perguntas: como vocês sabem que estão bem? Como medem isso? Existem erros?

– A resposta, na maioria das vezes, tanto entre as instituições públicas quanto entre as privadas, é de que não há erros. Apesar de não ser medido, as pessoas têm a impressão equivocada de que estão fazendo corretamente aquilo que se propõem a fazer. A resposta da maioria dos gestores se faz pela emoção e não pela razão. Por isso estamos dando tanta importância à implantação de um modelo de gestão baseado em critérios de qualidade mensuráveis. Precisamos implantar indicadores na saúde, para podermos permanentemente buscar um aprimoramento de nossa qualidade assistencial. O CBA é resultante de um esforço de diversas organizações acadêmicas que a chancelam e tem sido instado ao longo dos anos a desenvolver esses indicadores com o cuidado ético determinante em um tema tão sensível como a saúde – frisa.

Maria Manuela lembra que todas as instituições acreditadas pelo processo internacional são obrigadas a ter, no mínimo, 18 áreas em que se têm indicadores, áreas essas de grandes processos que influem no cuidado aos pacientes. Segundo ela, hoje ainda não há como comparar duas unidades diferentes, mas, após a implantação de um banco de indicadores internacionais, isso será possível.

– Mas a tarefa é difícil, tanto que a *Joint Commission for Acreditation*, que o CBA representa no Brasil e que tem 50 anos de trabalho nos Estados Unidos, não quer iniciar esse processo a não ser em 2014, pelas dificuldades que ele envolve – revela.

Comunicação

Um processo que ocorre em um ambiente cada vez mais complexo, que envolve mudanças na estrutura da organização, introdução de novos conceitos – como medição, admissão de falhas – e que, essencialmente, lida com pessoas em todos os níveis, deve ter na comunicação um aliado estratégico. Para o diretor executivo do Hospital Pró-Cardíaco-RJ, Ary Ribeiro, não existe processo de acreditação bem-sucedido se não houver uma visão e uma ação efetivamente sistêmica, se não houver integração entre as equipes.

"(...) o aprendizado na acreditação exige muita atenção com a comunicação (...)"

– E sem comunicação, não existe integração entre as equipes. A cultura da qualidade pressupõe interação, aprender com os próprios acertos e erros, pressupõe o aperfeiçoamento contínuo, e uma liga para que isso tudo funcione são as boas técnicas de comunicação. Então, para compartilhar os resultados e os fracassos, o aprendizado na acreditação exige muita atenção com a comunicação interna, da mesma forma que é fundamental também a comunicação externa, já que, em termos de cenários, é fundamental pensar no futuro em termos de comunicação externa pelos aspectos ligados ao público, a forma de atendermos os nossos pacientes, bem como pela necessidade de estarmos preparados para as nossas relações comerciais – assinala.

Tão importante quanto a comunicação é a capacidade de integração das atividades da instituição com as comunidades nas quais ela está inserida. Em 430 anos de existência e 108 anos de Brasil, a Casa de Saúde São José conta atualmente com 23 obras sociais em todo o país, revela o diretor executivo. Presente em quase todos os continentes – em 2008 chegará à Ásia, única região ainda não atendida pela associação mantenedora –, a instituição filantrópica é a primeira no país no âmbito da saúde e por seu gigantismo enfrenta dificuldades grandes para congregar as pessoas a aderirem ao conceito de qualidade.

– É muito complicado ter a responsabilidade de levar o conceito de qualidade como o entendemos para essas 26 instituições mantidas pela Associação, um conceito que abrange educação, saúde e condições de subsistência mesmo para algumas pessoas. Mas dentro da realidade da Casa de Saúde São José, buscamos integrar as nossas atividades com as nossas organizações comunitárias, realizando alguns projetos que são fundamentais e muito bem-sucedidos, como a manutenção de um ambulatório em Parada Angélica, subúrbio do Rio de Janeiro, com dois consultórios destinados ao atendimento em ginecologia, clínica médica e pediatria a pessoas carentes, com a mesma qualidade oferecida pela Casa de Saúde São José. Periodicamente, verificamos se e como esses trabalhos estão sendo executados, pois não basta financiar o projeto. Além disso, temos uma creche na Colônia no Hospital Curupaiti, em Jacarepaguá, Zona Oeste do Rio de Janeiro, onde existe uma comunidade de famílias com portadores de hanseníase, que abriga 120 crianças que viviam totalmente à margem da sociedade, em condições precárias.

Certificação e Recertificação: Que Processo É Mais Difícil?

A Superintendente do Hospital Moinhos de Vento, Bernadete Weber, acredita que as dificuldades em relação à certificação e à recertificação são diferentes. Observa que a implantação é muito mais tensa, tem muito mais agitação e estresse. "Isso realmente mobiliza mais as pessoas, requer um papel fundamental de liderança, um esforço coletivo muito maior. Transmitir a importância da comunicação, da liderança, da educação, preparar pessoas para mostrar que aquela mudança agrega valor."

Já na reacreditação – explica Bernadete Weber –, a dificuldade é de outra ordem: é muito mais mostrar evidências do que no processo de acreditação, que implementa as melhorias.

– A evidência da conformidade requer mais conhecimento, mais esforço. A dificuldade é de outra ordem, é de manter o nível de motivação já na busca de referência de uma ordem mais harmônica entre conhecimento e atitude. Na reacreditação, sai um pouco do âmbito coletivo e vai também para o individual. A excelência não é mais da instituição, passa para o indivíduo, é de todas as pessoas que atuam para essa instituição. Isto repercute no processo, desde o recrutamento e seleção até à beira do leito, na qualidade percebida pelo usuário.

Outro aspecto interessante a ser avaliado é mostrar de que forma um usuário "leigo" da saúde pode se beneficiar com o processo de Acreditação e como pode identificar esses benefícios. Com a experiência no ramo, Maria Manuela, do CBA, destaca que essa informação é muito difícil de ser passada e essa questão atinge a todos. Mas ela adverte que há um caminho inexorável de educar todas as pessoas envolvidas.

– Envolve educação e acredito que está em processo. O profissional de saúde, *a priori*, e antes de qualquer momento, é um educador. Nós esquecemos isso há algum tempo porque a tecnologia avançou, mas avançou demais, esquecendo-se do lado humano. Atrás de qualquer máquina tem alguém, ou que a utiliza ou para quem a máquina está sendo usada para seu benefício. Portanto, nesse binômio que chamamos de relação profissional/indivíduo, a questão da educação é fundamental para mudar estilo de vida, para mudar sua reabilitação, para beneficiar toda a sociedade no conhecimento do que ela deve exigir como qualidade dentro dos serviços, porque, muitas vezes, aquilo de que se falou muito como insatisfação não é entendido assim, sendo o resultado da falta de conhecimento. O indivíduo sente se é bem acolhido ou não, mas não sabe da qualidade dos procedimentos que estão sendo usados. É algo muito sutil para ele.

Para que o processo funcione bem, a especialista sugere o desenvolvimento de vários processos éticos, para convencer os profissionais da importância da relação médico/indivíduo e com toda a sociedade, que tem que ser informada. "Vivemos numa sociedade de origem latina, portanto, de origem católica, e que tem um referencial entre vida e morte muito diferenciado dos anglo-saxões. Menos objetivo, muito mais peçonhento, passional, do que objetivo e real. Na nossa área, isso faz diferença e isso é difícil, mas temos que enfrentar."

A questão dos direitos do consumidor também foi lembrada por Maria Manuela. "Está começando a ficar mais complexo, ou seja, hoje o indivíduo não é um indivíduo totalmente leigo. Ele tem um acesso à informação que ele não tinha há dez anos. Hoje qualquer um entra na internet e vê informações sobre a sua doença, a sua patologia, ou sobre o exame que vai fazer, e ele quer saber dos resultados que estão descritos ali. Sem saber que isso não é para todo mundo igual porque nós não somos iguais. Biologicamente também temos diferenças e, portanto, essas questões têm que ser muito trabalhadas ainda."

Esse processo, acrescenta, acontece no mundo inteiro. "Não somos diferentes de qualquer outro país. Os nossos problemas são iguais na China, na Tailândia, na Espanha, na Itália, na Dinamarca, os problemas são muito parecidos. Os nossos problemas de gestão de saúde são muito semelhantes, as nossas dificuldades são praticamente as mesmas."

CASE PRONEP

Sucesso em Soluções para Saúde

> " O principal traço de personalidade de uma organização de sucesso é que ela BUSCA A INOVAÇÃO.
>
> Cuidado com os defensores da ordem. Seja ousado. Seja um inconformista."
>
> Tom Peters

CLÁUDIO BARBOSA, CLÉA RUFFIER, JEAN RUFFIER, JOSIER VILAR E ROBERTO REZENDE

MÉDICOS E SÓCIOS-DIRETORES DO GRUPO PRONEP.

Quando conversamos pela primeira vez sobre a formação de uma organização prestadora de serviços em saúde na área de nutrição, não imaginávamos que, um ano depois, ao iniciarmos as atividades da PRONEP em 1992, estávamos lançando as bases do que viria a ser um referencial em gestão empresarial na saúde, com um portfólio de serviços amplo e com uma grande oferta de serviços multidisciplinares.

Obs: Depoimento colhido e adaptado com modificações do caso elaborado pelos alunos da turma de 1997 do programa MBA de Marketing do COPPEAD/UFRJ: Adriano Vaz, Alexandre Haegler, Alfredo Simon, Josier Vilar, Leila Carvalho, Marcelo Meirelles e Paulo Clemen, sob a coordenação da professora Angela Rocha.

Cada um de nós, médicos com larga experiência no serviço público e com atividade privada, percebemos que havia uma lacuna a ser preenchida. Não existia no Rio de Janeiro quem fornecesse, com a qualidade e a rapidez necessárias, soluções de nutrição parenteral e misturas de nutrição enteral 'customizadas' dentro dos padrões de manipulação determinados pelas boas práticas de farmácia.

Para o tratamento nutricional de pacientes com dificuldades de alimentação oral, principalmente os provenientes de cirurgia e com doenças crônicas, a maioria dos hospitais do Rio de Janeiro utilizava, até 1992, processos rudimentares de produção das soluções e misturas nutricionais. Outros, por sua vez, não produziam essas soluções e recorriam ao mercado de dietas prontas, produzidas pela indústria farmacêutica, atendendo, dessa forma, somente a uma parcela dos pacientes internados.

Nascia assim, em 1992, em uma pequena mas tecnologicamente sofisticada casa no bairro de Botafogo, no Rio de Janeiro, a PRONEP, cuja atividade principal era a manipulação e venda de soluções nutricionais para pacientes em terapia nutricional internados em hospitais e clínicas. Esta atividade era acompanhada de serviços e consultoria técnica, executados por médicos, farmacêuticos e nutricionistas. Dois anos depois, a PRONEP criou um serviço de *delivery* para venda de produtos nutricionais por teleatendimento e, em seguida, o serviço de Assistência Domiciliar – *home care* – com programas pioneiros de internação domiciliar, procedimentos técnicos realizados em domicílio e um inovador programa de Monitoramento de Doenças Crônicas e Gerenciamento de Casos – seguindo uma tendência mundial de 'customização' do atendimento na área de Saúde. Pouco depois, a empresa aumentou ainda mais a sua oferta de serviços, criando a unidade de farmacoterapia, para fracionamento de drogas e manipulação de drogas quimioterápicas para o tratamento do câncer e outros medicamentos de utilização venosa.

Inicialmente a empresa preparava as soluções e misturas nutricionais que eram solicitadas pelos hospitais, obedecendo às prescrições de médicos e nutricionistas. Para que as solicitações chegassem à PRONEP com mais rapidez, a empresa providenciou a instalação, dentro das UTIs dos principais hospitais do Rio de Janeiro, de aparelhos de fax, equipamento que até então era pouco disponível na maioria dos lugares, facilitando assim o envio da prescrição médica para a central de manipulação. Essa central funcionava todos os dias da semana, em um ambiente especialmente preparado e protegido para evitar a contaminação das soluções manipuladas, obedecendo aos padrões internacionais de boas práticas de manipulação. Permanecia na unidade, todos os dias da semana, uma equipe multiprofissional, formada por médicos nutrologistas, farmacêuticos e nutricionistas, o que assegurava às unidades de saúde que contratavam a PRONEP total segurança para suas operações. Assim, a PRONEP rapidamente assumiu a liderança do mercado, passando a ser uma referência de qualidade no segmento.

Em 1994, diante da realidade gerada pela crise de financiamento da assistência médica em todo o mundo, a direção da empresa passou a avaliar algumas novas oportunidades que se apresentavam no setor de Saúde. No Brasil e, em especial, no Rio de Janeiro, verificava-se um déficit de leitos hospitalares públicos e privados, e a longa permanência de pacientes crônicos em hospitais inviabilizava uma solução rápida para o problema, já que a construção de novas unidades hospitalares seria cara e demorada, tornando o problema de difícil solução. Ao estudarmos as alternativas possíveis para contribuir para a solução do problema de falta de leitos hospitalares no Rio de Janeiro, percebemos que um novo tipo de atividade, já existente em outros países, poderia constituir-se em grande oportunidade futura: investir no sistema de assistência e internação domiciliar, seguindo a tendência do *home care*, que permitia aos pacientes serem tratados em sua casa.

Essa nova proposta implicava adotar um modelo alternativo e complementar ao modelo hospitalar dominante no Brasil. O tratamento era feito na casa do paciente por uma equipe multidisciplinar de saúde, incluindo médicos, enfermeiros, fisioterapeutas, nutricionistas etc., com medicamentos, suprimentos e equipamentos hospitalares, exames e procedimentos de investigação diagnóstica e terapêutica. Assim, por meio da criação de uma unidade de *home care*, a direção da empresa decidiu oferecer esse serviço ao mercado.

O tratamento domiciliar permitia que, com segurança e qualidade, certos pacientes pudessem evitar a hospitalização, reduzindo dessa forma os custos do tratamento, além de se beneficiarem com a proximidade da família, o que, em muitos casos, auxiliava a recuperação. Por esses motivos, a maioria dos planos e seguros de saúde privados passou a oferecer cobertura integral dos custos de internação aos clientes que optavam pelo sistema *home care*.

Em 1995, a empresa ampliou sua oferta de produtos e serviços, destacando-se as soluções quimioterápicas, para infusão intravenosa, e o fracionamento de drogas, para uso intravenoso. A manipulação, por enfermeiros, de soluções para quimioterapia antineoplásica fora proibida pelo Conselho Regional de Enfermagem. Isso fez da PRONEP a única empresa, no Rio de Janeiro, onde essas soluções eram manipuladas por farmacêuticos dentro de rígidos padrões de controle técnico e proteção ambiental. Com os novos serviços, reduzia-se o desperdício e aumentava-se a qualidade das soluções manipuladas, permitindo aos hospitais, clínicas e consultórios oncológicos obter uma redução nos custos e um ganho na efetividade dos produtos manipulados.

Ao final de 1997, os serviços oferecidos pela PRONEP consistiam em produtos manipulados (quimioterapia, fracionamento de drogas, misturas nutricionais enterais e soluções nutricionais parenterais) e serviços de assistência domiciliar, o *home care*. Além disso, a empresa oferecia serviços de apoio, gratuitos, constituídos por consultoria técnica, suporte administrativo, treinamento e aperfeiçoamento do corpo técnico e administrativo dos hospitais e clínicas que contratavam seus serviços.

Desde a primeira sede, na pequena casa da Rua Real Grandeza, em Botafogo, Zona Sul do Rio de Janeiro, até a atual sede, em um ambiente moderno e espaçoso, a direção da empresa vem investindo pesadamente em sistemas de gestão e em ambientes de alta tecnologia, com salas de pressão positiva e controles ambientais onde são manipuladas as soluções para infusões endovenosas.

De lá para cá, o grupo cresceu bastante, abriu filial em São Paulo e focou sua atividade em resultados técnicos, administrativos e financeiros, buscando incessantemente a melhor relação custo/efetividade para os clientes e oferecendo o que existe de mais inovador na gestão dos serviços de Terapia Nutricional, Manipulação de Drogas Oncológicas, Internação Domiciliar (*Home Care*), Monitoramento de Doenças Crônicas, Gerenciamento de Casos, Gerenciamento de Demanda (*call center*), além de um serviço de televendas de produtos nutricionais.

Em 1998, o grupo inovava mais uma vez, criando um programa de atenção à terceira idade e em 2000 um programa de monitoramento de doenças crônicas em ambiente domiciliar. Decididos a ampliar sua área de atuação, os sócios optaram pelo crescimento via franquia, criando outra empresa, a PRONEP Brasil, para a comercialização e controle das franquias. Graças a esse processo, ao final de 1998, a empresa chegou a estar presente em dez cidades brasileiras, além do Rio de Janeiro, processo esse que foi revisto posteriormente, tendo a PRONEP optado por permanecer somente com unidades próprias no Rio de Janeiro e em São Paulo e repactuado com os seus franqueados a utilização dos sistemas operacionais, transferindo para os mesmos a gestão plena das unidades franqueadas.

Em decorrência de seu rápido crescimento, a direção da empresa, preocupada com a estratégia futura a ser seguida, iniciou um processo de profissionalização em diversos segmentos de sua administração e implantou sistemas integrados de gestão que permitiram um melhor controle dos resultados das operações de suas unidades no Rio de Janeiro e em São Paulo. Em particular, o acirramento da concorrência em algumas áreas de atuação e a possibilidade de enfrentar grandes concorrentes nacionais e internacionais mereciam a atenção da alta administração, que passou a privilegiar investimentos em tecnologia da informação e em capacitação de seu pessoal de nível médio.

Utilizando os valores empresariais por ela definidos – Reputação, Relacionamento, Reconhecimento Técnico e Responsabilidade Socioambiental – como uma doutrina a ser seguida por todos os seus funcionários, colaboradores e as lideranças na empresa, a PRONEP vem se destacando no ambiente empresarial da saúde como uma organização focada em resultados e que busca permanentemente o aperfeiçoamento de suas atividades operacionais.

Em fevereiro de 2007, após dois anos de intensa preparação, a PRONEP foi avaliada pela *Joint Commission for Acreditation*, a maior organização do mundo certificadora de qualidade, que lhe concedeu o certificado de qualidade internacional pela metodologia da Acreditação, passando a ser a PRONEP a primeira empresa de assistência domiciliar em todo o mundo, fora dos Estados Unidos, a receber tal certificação internacional pela JCA.

Como Funciona a Gestão da Empresa

São as seguintes as Diretorias da PRONEP: Administrativo-Financeira, Científica, Comercial, Produção, Técnica e de Relacionamento Institucional. Cada Diretoria tem uma pequena estrutura de funcionamento, que age de forma integrada com as demais. As decisões estratégicas são tomadas em reuniões mensais de Diretoria e as decisões políticas, através de consenso entre os membros do Conselho de Gestão, formado por acionistas e conselheiros independentes que se reúnem mensalmente. As decisões operacionais são, em sua maioria, decididas em reuniões semanais, com a participação de outros executivos da empresa. A empresa é pouco hierarquizada e estimula as relações interpessoais para o desenvolvimento de um bom clima organizacional.

Os fundadores valorizam o trabalho em equipe e investem fortemente no treinamento e aperfeiçoamento de seus funcionários e colaboradores. Os investimentos em tecnologia e em controle de qualidade são priorizados pela direção, que vê nos mesmos uma forma de superar a concorrência. A empresa cresceu por meio de recursos próprios, sem aporte de capital de terceiros.

Para dar suporte ao treinamento e capacitação de funcionários e colaboradores, foi criado o Centro Científico e Cultural Julio Pires, que também oferece programas de atualização científica para os profissionais de saúde, usuários ou não de seus serviços. A PRONEP proporciona, ainda, a esses funcionários, acesso a publicações científicas atualizadas e a uma biblioteca livre, com obras clássicas e modernas, além de patrocinar, com freqüência, simpósios, seminários e jornadas científicas e disponibilizar um *site* na Internet, com informações científicas, culturais, técnicas e comerciais. Integrando-se com a rede hospitalar do Rio e de São Paulo, a PRONEP promove um ciclo de conferências sobre gestão em saúde, levando aos diversos hospitais dessas cidades especialistas em gestão, para que possam compartilhar suas experiências com os gestores da saúde daquelas localidades.

A PRONEP também participa do Sindicato dos Hospitais, Clínicas e Casas de Saúde do Município do Rio de Janeiro (SINDHRIO), foi fundadora da Associação Brasileira das Empresas de Medicina Domiciliar (ABEMID), fundadora da Associação Brasileira de Empresas de Nutrição Clínica (ABRASNUTRI) e é associada ao Instituto Ethos de Responsabilidade Social.

O Setor de Saúde Brasileiro

Até o início da década de 60, o setor hospitalar brasileiro era predominantemente financiado pelos organismos públicos. Grande número de hospitais no país fazia parte da rede hospitalar própria dos governos federal, estadual e municipal. Na cidade do Rio de Janeiro, em especial, por ter sido, até 1960, capital da República, existia uma grande rede hospitalar vinculada ao Ministério da Saúde, uma rede de hospitais universitários e outra vinculada aos institutos de aposentadoria e pensões de várias entidades públicas. Além dessas, a cidade contava, ainda, com o sistema de hospitais públicos dos governos estadual e municipal. Nas demais unidades da federação, onde não havia unidades próprias do governo, eram contratados leitos de hospitais privados para atendimento aos pacientes vinculados a esses sistemas. A cidade do Rio de Janeiro, onde a PRONEP iniciou suas atividades, tinha, portanto, na década de 60, a maior e mais qualificada rede hospitalar pública do país.

A partir de 1960, esse quadro alterou-se, com a fusão de vários dos antigos institutos de aposentadoria e pensões e a criação do INPS, que passou a ser o principal organismo responsável pelo controle e financiamento da assistência médica e hospitalar no Brasil.

No início da década de 70, o governo começou a reduzir seus investimentos em rede hospitalar própria, começando a surgir, então, estruturas privadas alternativas de financiamento do setor hospitalar, com a criação das empresas de medicina de grupo e cooperativas médicas que, junto com as empresas de seguro de saúde, passaram a oferecer cobertura para o sistema hospitalar privado, atingindo, em 2006, cerca de 25% da população brasileira. Nesse cenário, o perfil hospitalar brasileiro modificou-se, deixando de ser um segmento financiado quase integralmente pelo poder público para ser, em grande parte, sustentado pela iniciativa privada.

Estimava-se que havia cerca de 11 mil hospitais no país, sendo 4.300 privados e 6.900 públicos. Quase 70% dos hospitais brasileiros dispunham de menos de 70 leitos, 16% tinham entre 71 e 100 leitos, 13% entre 171 e 370 leitos e 3% com mais de 300 leitos. Do total de hospitais, cerca de 40% eram públicos e 60% privados ou filantrópicos. Para atender a esses hospitais, existiam 207 mil médicos em atividade e 48 mil alunos das faculdades de Medicina. A cada ano, formavam-se cerca de oito mil novos médicos nas 81 escolas médicas do país.

Com a redução dos investimentos do governo na rede hospitalar pública, o Rio de Janeiro foi a cidade que sofreu maior impacto negativo, pois sua rede privada era de porte modesto, constituída fundamentalmente por hospitais e clínicas privadas de pequeno porte. Nessas circunstâncias, a maioria dos hospitais não possuía estrutura de manipulação protegida para soluções nutricionais ou quimioterápicas, além de não dispor de leitos suficientes para atendimento à demanda de internações.

Em outros estados do Brasil, em particular no Norte e no Nordeste, as condições de manipulação de soluções nutricionais e farmacoterápicas nos diversos hospitais e clínicas estavam abaixo das ideais para a garantia e segurança do produto manipulado, manifestando-se o mesmo problema de déficit de leitos hospitalares.

"Com a redução dos investimentos do governo na rede hospitalar pública, o Rio de Janeiro foi a cidade que sofreu maior impacto negativo (...)"

O Mercado

O Brasil tinha em 2006 uma população de, aproximadamente, 180 milhões de habitantes, dos quais cerca de 25% possuíam algum plano ou seguro de saúde, fosse ele privado, cooperado ou estatal. De acordo com os índices da Organização Mundial de Saúde, esperava-se que, em média, uma pessoa procurasse assistência médica quatro vezes ao ano e que, a cada dez consultas médicas, uma gerasse um procedimento ou internação hospitalar. A partir desses dados, estimava-se que, no grupo de habitantes cuja assistência médica e hospitalar era coberta por algum plano ou seguro de saúde, gerava-se anualmente a necessidade de cerca de 192 milhões de consultas médicas e, aproximadamente, 19 milhões de procedimentos em ambiente hospitalar.

Considerando-se, por outro lado, que cerca de 10% dos procedimentos hospitalares requeriam permanência superior a dez dias de internação hospitalar, chegava-se a um número em torno de 1,9 milhões de pacientes ao ano. Tal era o mercado potencial para o suporte nutricional e uma parcela desse número poderia, ainda, optar pelo *home care*.

Apesar de o paciente ser o consumidor final dos produtos oferecidos pela PRONEP, a decisão de uso dos serviços sofria influência direta de três grupos. O primeiro e principal deles era formado pelos profissionais de saúde, salientando-se os médicos como principais influenciadores. O segundo era constituído pelos gestores da área hospitalar privada, que também decidiam sobre a contratação dos serviços de manipulação. O terceiro incluía os executivos da área de seguros e planos de saúde, responsáveis pela liberação da cobertura financeira das despesas relacionadas aos serviços de terapia nutricional e de *home care*.

Os serviços oferecidos pela PRONEP eram, dentro da classificação de marketing, vistos como luxos privados. Eram pouco conhecidos pelos usuários finais e considerados de baixa necessidade, já que ainda eram supridos pelas redes hospitalares pública e privada, apesar das deficiências das mesmas e da crescente terceirização desses tipos de serviços. Dada tal percepção, a direção da PRONEP acredita que existia uma expectativa de que esses serviços, quando prestados, fossem de alta qualidade, embora não houvesse grandes expectativas em relação à marca de quem os executava.

Produtos Manipulados

A PRONEP dispunha de uma estrutura para manipulação de soluções e misturas nutricionais que seguia os conceitos modernos de manipulação, obedecendo a rígidos padrões de qualidade, recomendados pelos organismos internacionais de controle ambiental. Essa estrutura era muito cara, o que, aliado à obrigatoriedade de manipulação por farmacêuticos, havia levado a maioria dos hospitais e clínicas do Rio de Janeiro a usar os serviços da PRONEP. Muitos deles, inclusive, haviam desativado seus processos de manipulação. A empresa tinha desenvolvido um *software* exclusivo de controle da produção, de forma a proporcionar maior segurança no sistema de manipulação. Dispunha, também, de um *software* de vendas para produtos nutricionais: o nome e as solicitações dos clientes eram armazenados em um banco de dados, facilitando assim o atendimento de futuros pedidos.

> "(...) a empresa procurava colocar-se como elemento de consultoria e suporte ao trabalho do médico (...)"

As prescrições eram feitas pelos médicos dos serviços contratantes e enviadas por fax ou telefone à empresa, onde eram avaliadas e manipuladas por farmacêuticos e nutricionistas, auxiliados por técnicos. Se ocorressem dúvidas quanto à prescrição, a PRONEP colocava à disposição dos usuários de seus serviços uma consultoria médica. A empresa não cobrava honorários profissionais por essa consultoria e a direção considerava que tal prestação de serviços constituía um diferencial oferecido aos clientes.

A empresa proporcionava aos hospitais formulários específicos para a prescrição de quimioterapia e terapia nutricional. No verso do formulário, eram disponibilizadas dez fórmulas-padrões para adultos e crianças, com o intuito de auxiliar os médicos a prescrever a solução nutricional. Mesmo assim, o médico tinha liberdade para optar pela composição que julgasse mais adequada, independentemente das fórmulas disponibilizadas. Isso era um princípio importante para a PRONEP, que não desejava assumir a responsabilidade da prescrição nem interferir nas decisões dos médicos. Ao contrário, a empresa procurava colocar-se como elemento de consultoria e suporte ao trabalho do médico, o que permitia que os médicos mantivessem seus ganhos financeiros, tornando-os facilitadores da penetração da PRONEP no meio médico-hospitalar.

A direção da empresa acreditava que tal procedimento diferenciava a PRONEP de empresas que atuavam no mesmo segmento em São Paulo e em outras cidades do estado do Rio de Janeiro, que assumiam a responsabilidade da prescrição nutricional dos pacientes, desempenhando um papel de substituição dos médicos que os assistiam. Essas empresas vendiam ainda as soluções manipuladas diretamente aos planos e seguros de saúde.

O atendimento da PRONEP era feito todos os dias da semana, inclusive finais de semana e feriados, objetivando entregar o produto, no máximo, duas horas após a solicitação, o que se fazia mediante um sistema de entrega por motocicletas com caçambas e bolsas climatizadas.

Em sua política de preços dos produtos manipulados, a PRONEP beneficiava-se de sua escala de produção e de sua carteira de clientes, o que lhe permitia cobrar pelo volume efetivamente manipulado, já que não havia perdas em seu processo de produção.

A comunicação com os clientes estava voltada para dois grupos-alvos distintos. Parte da comunicação era direcionada aos dirigentes de hospitais, mostrando-lhes que era possível adquirir o produto por preços melhores do que aqueles que obtinham quando manipulavam em suas próprias unidades, enfatizando ainda a qualidade da manipulação e a rapidez do atendimento. Com isso, mostrava-se aos empresários que poderiam desativar seus estoques, reduzir perdas, realocar funcionários em outras atividades e cumprir a legislação relativa à manipulação.

A outra parte da comunicação era voltada para médicos e nutricionistas, mostrando que permaneceriam responsáveis pela quimioterapia e terapia nutricional de seus pacientes, os quais poderiam ser atendidos a qualquer momento, com um produto de melhor qualidade. Poderiam contar, ainda, com o apoio de uma equipe técnica permanentemente disponível para auxílio às modificações que julgassem necessárias nas prescrições de seus pacientes.

No caso das soluções nutricionais, o pagamento era efetuado pelo hospital à PRONEP. Se fosse o caso, o seguro-saúde reembolsava o hospital, ou o próprio paciente o fazia.

No caso das soluções quimioterápicas, a empresa trabalhava também diretamente com os oncologistas em seus consultórios.

Os oncologistas costumavam preparar suas próprias soluções quimioterápicas e prescrevê-las aos pacientes, recebendo um pagamento não só pela consulta médica, como pela solução ministrada, em que podiam cobrar margem adicional. Ao adotar a PRONEP como fornecedora das soluções quimioterápicas, o médico oncologista podia perder receita, mas, em compensação, ganhava substancialmente na qualidade do produto e na segurança.

Home Care

A atuação da PRONEP nesse mercado iniciou-se em 1995, com pacientes da empresa que saíam dos hospitais, mas que continuavam com a alimentação especial. Esses clientes foram solicitando apoio para as suas necessidades, tais como cadeiras, camas, auxiliares de enfermagem etc., o que incentivou a direção da PRONEP a explorar essa oportunidade de negócios e desenvolver o programa de *home care*.

A unidade *home care* da PRONEP disponibilizava, na residência do paciente, toda uma estrutura de suporte à internação domiciliar, incluindo enfermagem especializada, médicos, nutricionistas e fisioterapeutas, além de todos os medicamentos prescritos pelo médico-assistente, equipamentos, suprimentos e exames laboratoriais e de imagem.

A empresa obteve rapidamente o apoio do mercado segurador e de diversas administradoras de planos de saúde, que viram no novo serviço uma oportunidade de reduzir os custos da internação hospitalar convencional, sem perda de qualidade dos serviços prestados. Assim, tão logo a nova unidade da

PRONEP iniciou suas atividades, muitas seguradoras e administradoras de planos de saúde contrataram seus serviços, passando a oferecer a seus associados e segurados a alternativa de internação domiciliar, cujo custo era de 30 a 50% inferior ao da internação hospitalar. Além disso, acreditavam os dirigentes da empresa que a oferta do *home care* também era vista como um diferencial de serviços oferecido pela seguradora a seus clientes. A seguradora, no entanto, tinha poder de veto, ou seja, a internação domiciliar estava sujeita ao veredito da seguradora.

Para que esses associados e segurados pudessem utilizar a internação domiciliar, a PRONEP considerava imprescindível que o médico-assistente estivesse de acordo e que, se desejasse, continuasse a prestar assistência médica a seu paciente durante o período de internação domiciliar. A PRONEP criou então critérios técnicos e ambientais de elegibilidade, posteriormente aprovados e adotados pela ABEMID, que passou a utilizar esse padrão técnico como referência para o atendimento de seus pacientes e relacionamento com os médicos assistentes.

Alguns médicos não gostavam do sistema de internação domiciliar, já que, em vez de visitar diversos clientes internados em um mesmo hospital ou clínica, passavam a visitá-los em suas residências, o que implicava maior tempo de deslocamento. No entanto, a direção da PRONEP acreditava que os médicos consideravam como um dos pontos favoráveis do serviço o fato de poder dividir com a empresa a responsabilidade pelo paciente, já que ela possuía um quadro de médicos próprio para dar suporte ao tratamento dos pacientes, o que reduzia seu estresse. Além disso, reconheciam que, no caso de muitos pacientes, a internação domiciliar contribuía para a sua recuperação ou alívio.

O grupo-alvo primário era o paciente de alto padrão socioeconômico, ou com planos de saúde VIP, e sua família. Para que a internação domiciliar se concretizasse, era imprescindível a aquiescência de membros da família, já que essa tinha um papel importante a desempenhar. A internação domiciliar mexia com os sentimentos de afeto e segurança. Tanto para a família quanto para o paciente, o "estar em casa" tinha forte significado emocional. Mesmo quando a família e o paciente o desejavam, nem sempre era possível realizar a internação, devido às condições da casa do paciente não serem adequadas.

Antes da internação domiciliar se concretizar, uma enfermeira da PRONEP, treinada em gerenciamento de casos, visitava o local onde o paciente seria internado, avaliava a adequação das condições ambientais e familiares para o programa *home care* e estabelecia com a família as normas e procedimentos que seriam adotados durante o período de internação domiciliar, procurando identificar, na ocasião, o representante da família que seria treinado para os cuidados após a alta do paciente.

A solicitação de autorização para internação domiciliar era, então, encaminhada ao plano ou seguro de saúde responsável pela cobertura da internação, que, após análise, autorizava a PRONEP a realizar os procedimentos para internação. Em até 24 horas, o esquema de internação domiciliar era ativado, ocorrendo nesse prazo a transferência do paciente para casa, quando ele se encontrava hospitalizado.

Eram mantidos na residência do paciente, além de todos os equipamentos, suprimentos e medicamentos necessários, uma equipe de técnicos de enfermagem em regime de plantão e material de emergência e de reanimação cardiorrespiratória, para atender a eventuais emergências, que eram feitas por serviços de ambulância com pessoal especializado em atendimento pré-hospitalar.

Em regime de plantão a distância, permanecia uma equipe de médicos e enfermeiras supervisoras que atendia prontamente a chamadas da técnica de plantão no local da internação. Por meio de visitas locais rotineiras, essa equipe era também responsável pela supervisão dos trabalhos executados pela enfermagem.

Outros procedimentos médicos especializados, que não requeriam internação domiciliar, mas que normalmente seriam feitos em hospitais, também eram realizados na residência do paciente, sob os cuidados da equipe multidisciplinar.

> "Tanto para a família quanto para o paciente, o "estar em casa" tinha forte significado emocional."

GERENCIAMENTO DE CRISES

Quando a Reputação da Empresa vai para o CTI

> *"A única certeza estável no mundo empresarial é que em algum momento tudo vai mudar."*
>
> Peter Drucker

MÔNICA MEDINA

Relações Públicas e estrategista em Comunicação Empresarial e Marketing. É diretora da Diferencial Assessoria de Marketing.

Hoje, quando falamos de boas práticas de Governança Corporativa, não podemos esquecer a capacidade das empresas em evitar e gerenciar crises operacionais e reputacionais, já que estas podem impactar a percepção positiva quanto à responsabilidade socioambiental das corporações.

Há 12 anos, dedico grande parte do meu tempo ao planejamento e implantação de processos de prevenção e gerenciamento de crises para meus clientes dos mais diversos setores empresariais.

De certa forma, a minha profissão tem muitas semelhanças com a de vários especialistas da área de saúde. As crises – como os infartos, os trabalhos de parto, as convulsões – não têm hora marcada para acontecer. Mas, é claro que, até para agravar as suas soluções, elas costumam começar de madrugada, nos finais de semana ou vésperas de feriados.

Como preveni-las? Fazendo o contínuo *check-up* das áreas críticas da organização, processo que é conhecido como Gerenciamento de *Issues*. Nele mapeamos todas as situações que podem gerar um impacto negativo nos negócios e na imagem daquela empresa. A partir de sua identificação, passamos a priorizá-las, levando em conta a probabilidade de acontecerem e o grau de impacto das mesmas: baixo, médio, alto e suas variações. Criamos, assim, uma Matriz de *Issues*, que é o ponto de partida para o nosso diagnóstico.

Partimos então para o segundo estágio do trabalho, que é o de verificar quais públicos têm interesse e podem impactar nosso negócio, caso esses *issues* venham a acontecer. Esses públicos de interesse – interessados ou "interesseiros" – são chamados *stakeholders* e também serão priorizados conforme o grau de interesse e o alcance do impacto dos mesmos. É uma tribo bastante diversa, e nem sempre os mais poderosos são os que causam maior impacto.

A denúncia de um funcionário da enfermagem, que não quis se identificar, pode causar um estrago maior na imagem de um estabelecimento de saúde do que, por exemplo, a multa ou a advertência do órgão fiscalizador.

Por isso, na hora de mapear os *stakeholders*, é preciso muito mais do que critérios técnico-científicos. São necessários sensibilidade e entendimento profundo dos diversos agentes da sociedade, de forma a antecipar as possíveis reações dos mesmos a um determinado problema.

É a partir do cruzamento da Matriz de *Issues* com a de *stakeholders* que passamos a prescrever os diversos planos de ação e de comunicação voltados para o tratamento daquelas questões, no sentido de evitar que elas escalem para uma crise.

Infelizmente, todo esse trabalho não garante que determinado *issue* nunca vá escalar para uma situação crítica. Aliás, termos como "nunca", "jamais", "risco zero" e "100% de garantia" devem ser banidos do discurso de qualquer empresário envolvido nesse tipo de processo.

Entretanto, mesmo que o *issue* venha a escalar devido a uma variável não prevista – uma crise de um concorrente, o surgimento de uma nova legislação para o setor, uma nova bandeira de uma entidade acadêmica ou de uma ONG –, será bem mais fácil minimizar os impactos negativos da crise nos negócios e na reputação da empresa de posse dos planos de ação.

Se a empresa não tiver feito todo esse trabalho preventivo, só existe uma solução: correr para o CTI, pois nas crises, da mesma forma que com os pacientes em estado grave, não podemos perder tempo. Os primeiros momentos são decisivos para salvar a imagem da organização e garantir a continuidade do negócio. A agilidade em convocar a equipe que vai gerenciar a crise, o Comitê de Crises, é tão fundamental que esse comitê, da mesma forma que a equipe do CTI, já deve estar previamente definido nos planos de ação traçados no trabalho preventivo.

> "(...) nas crises, da mesma forma que com os pacientes em estado grave, não podemos perder tempo."

A grande dificuldade desse momento inicial é ter que tomar decisões e nos pronunciar quando, muitas vezes, não temos ainda certeza sobre a causa do problema. Mas se esperamos a conclusão do diagnóstico para nos posicionarmos, poderá ser tarde demais para salvar nossa reputação, pois os agentes de pressão certamente já terão feito suas acusações na mídia. Embora essas declarações dos agentes de pressão possam até não ter fundamento técnico-científico, elas costumam ser repletas de emoção e, conseqüentemente, criam a percepção de serem totalmente verdadeiras.

Portanto, mesmo que no início ainda estejamos desprovidos de dados mais contundentes, o porta-voz eleito vai a público, nem que seja apenas para demonstrar que a empresa lamenta a ocorrência, que está investigando suas causas e fazendo todos os esforços no sentido de apoiar parentes de vítimas ou diminuir os impactos para a comunidade. Enfim, demonstrar que a empresa é séria, ética e age de forma responsável.

Esta primeira declaração já deve estar esboçada em linhas gerais e aprovada pela área jurídica ou o escritório de advocacia que atende a empresa, para que, caso a crise ocorra, seja apenas preenchida com os dados específicos disponíveis da ocorrência.

A partir daí, começa a luta no sentido de resolver o problema, debelando os diversos complicadores que vão sendo criados pelos agentes de pressão: autoridades, parentes de vítimas, sindicalistas, empregados magoados, ONGs, entre outros. É a luta pela sobrevivência do negócio e da imagem corporativa.

Para cada ação implementada, é necessário avaliar o resultado, tirar a temperatura da crise, avaliar a pressão dos *stakeholders* e dedicar toda a atenção aos personagens que surjam. Pois as crises, da mesma forma que as novelas, são protagonizadas por três tipos de personagens: as vítimas, os heróis e os vilões.

O Personagem Paciente

Toda vez que me perguntam qual é o pior tipo de crise para ser gerenciada, eu respondo quase automaticamente: "Aquelas que envolvem personagens com problemas de saúde."

Isto não quer dizer que as crises da área de Saúde sejam as de maior repercussão. Até porque, no mundo global, as crises ambientais são as que têm maior probabilidade de escalar da categoria local para a nacional e internacional, movidas pela força das ONGs e pelo grande interesse de toda a sociedade no assunto.

Pode parecer estranho, mas cinco peixes mortos ou uma ave suja de óleo têm mais *press-appeal* do que a vida de um ser humano. Mas, de qualquer forma, essas questões não param por aí e, muitas vezes, a questão ambiental causa impacto na saúde de trabalhadores e de pessoas da comunidade. Surgem então os personagens que estão ou se sentem contaminados por substâncias geralmente apresentadas como cancerígenas. Há, também, aqueles sadios que vêem naquela situação uma oportunidade de ganhar uma bela indenização por danos físicos e morais. Eles passam a relatar sintomas, que a medicina desconhece, como sendo decorrentes da exposição àquelas substâncias. E nesses casos, é preciso muito cuidado no trato dessas situações, não só nos tribunais de fato, mas principalmente nos tribunais da mídia, os quais são muito mais ágeis que os primeiros no sentido de rotular "culpados" e destruir a imagem de algumas empresas.

Mas há personagens ainda mais fortes, aqueles cuja carga emotiva me levou a destacar a dificuldade de gerenciamento das crises de saúde. É a criança doente sem remédio, o senhor idoso que já foi a diversos hospitais e não conseguiu uma vaga, a mãe que dá à luz no carro pois a maternidade não tinha mais leitos, o pai de família que é operado do joelho errado, a linda modelo que entra em coma durante uma lipoaspiração, o bebê que perde a vida por causa de um medicamento contaminado... Parecem personagens de ficção, de novela, mas são protagonistas de matérias embargadas de emoção nos principais jornais do país.

Quem não se recorda da matéria no *Jornal Nacional* da *Rede Globo*, sempre com grandes índices de audiência, sobre a crise no Instituto Nacional de Câncer (INCA), em 2003? Na matéria apareciam os médicos denunciando problemas de administração, naquela época, do hospital que sempre foi um centro de referência no tratamento nos casos de câncer no país. Aparecia também o diretor-geral, Jamil Haddad, defendendo a capacidade da então diretora administrativa do INCA. E fechava com uma mãe saindo do hospital de mãos dadas com o filho, já careca devido aos efeitos do tratamento do câncer, dizendo que não conseguiu pegar o remédio para dar continuidade ao tratamento do filho e que não dispunha de dinheiro para comprá-lo.

O *cameraman* faz um *close* final no menino indo embora com a mãe e passa para o estúdio, onde a apresentadora Fátima Bernardes aparece franzindo a testa, indignada com aquela situação. A reação da Fátima mãe é a mesma reação indignada de milhões de outras mães brasileiras que, naquele momento, assistiam ao *Jornal Nacional*. No dia seguinte, caíram a diretora administrativa e o diretor-geral do INCA. Era impossível recuperar o desgaste de imagem provocado pela figura do menino.

São situações como essas que exigem que os profissionais de saúde, que assumiram funções gerenciais em suas organizações e/ou aqueles terceiros contratados para desempenhar essas funções, se preocupem e dêem total foco aos processos de prevenção de crises (gerenciamento de *issues* e gerenciamento de *stakeholders*), aos procedimentos de planejamento e gerenciamento de crises, caso elas venham a acontecer e, finalmente, às definições de processos de continuidade do negócio (*Business Continuity*) para quando a crise acabar.

As crises podem acontecer em qualquer organização. Não é a ocorrência das mesmas que fica registrada na mente da opinião pública, mas a forma ética, responsável e transparente como a empresa se comportou durante o seu gerenciamento.

Seguindo os procedimentos corretos desde o primeiro momento, é possível recuperar os negócios e a imagem corporativa no pós-crise. Mas, como na Medicina, tudo vai depender das lições aprendidas e de como a empresa ou o paciente vão se comportar ao sair do CTI.

> "Seguindo os procedimentos corretos desde o primeiro momento, é possível recuperar os negócios e a imagem corporativa no pós-crise."

CARACTERÍSTICAS DESTE LIVRO:

Formato: 16 x 23 cm
Mancha: 9,5 x 19 cm
Tipologia: Otawa 10/15
Papel: Ofsete 90g/m² (miolo)
Cartão Supremo 250g/m² (capa)
Impressão: Sermograf
1ª edição: 2007

Para saber mais sobre nossos títulos e autores,
visite o nosso site:
www.mauad.com.br